Beate Kricheldorf
Verantwortung: Nein danke!

Beate Kricheldorf

Verantwortung: Nein danke!

Weibliche Opferhaltung
als Strategie und Taktik

3., unveränderte Auflage 2006

R. G. Fischer Verlag

Bibliografische Information Der Deutschen Bibliothek
Die Deutsche Bibliothek verzeichnet diese Publikation in der
Deutschen Nationalbibliografie; detaillierte bibliografische
Daten sind im Internet über http://dnb.ddb.de abrufbar

3., unveränderte Auflage 2006
© 1998 by R. G. Fischer Verlag
Orber Str. 30, D-60386 Frankfurt/Main
Alle Rechte vorbehalten
Schriftart: Helvetica 11°
Herstellung: KN / NL
Printed in Germany
ISBN 3-89501-617-9

Frauen neigen zu einseitigen und subjektiven Sichtweisen, um ihre Opferhaltung beibehalten zu können und somit Eigenverantwortung zu vermeiden.
Hier geht es darum, die weibliche Berechnung aufzudecken: welche Strategien und Tricks Frauen anwenden, um aus ihrer vermeintlich schwächeren Position Profit zu ziehen.
Die Täuschungsmanöver sind so perfekt, dass Männer weiterhin nicht merken, dass eigentlich sie die Opfer sind.

INHALT

1. ERZIEHUNG 9
2. HAUSFRAU, HAUSMANN 13
3. BERUFSARBEIT, VERSORGUNGSDENKEN 18
4. VERANTWORTUNG 25
5. SEXUALITÄT 31
6. KINDERWUNSCH, KINDERKRIEGEN 37
7. ABHÄNGIGKEIT, UNABHÄNGIGKEIT 45
8. MACHT, OHNMACHT 53
9. PRIVATES, ÖFFENTLICHES 60
10. STATUS, KONKURRENZ 65
11. SPRACHE, AUSSEHEN 68
12. TRENNUNG, SCHEIDUNG 74
13. WEITERE TÄUSCHUNGSMANÖVER 77
14. LIEBE 81
15. FEMINIMUS 86
16. MÄNNER ALS OPFER 93
17. DIE ZUKUNFT DER GESCHLECHTERROLLEN 98

1. ERZIEHUNG

Ohne Zweifel sind es überwiegend Frauen (warum auch immer), die für die Erziehung in den ersten Lebensjahren zuständig sind: Mütter und andere weibliche Pflege- und Erziehungspersonen. Es sind also hauptsächlich Frauen, die auch das Rollenverständnis von Mädchen und Jungen prägen. Nicht die „Gesellschaft" zwingt uns in bestimmte Rollen, sondern wir übernehmen sie von unseren Eltern und anderen Bezugspersonen.
Nun sind Eltern wiederum von der Gesellschaft geprägt. Aber sie könnten, sofern sie bestimmte traditionelle Rollen wirklich ablehnen, auch damit aufhören, diese zu leben und ihren Kindern vorzuleben.

Schon an der Brust oder auf dem Wickeltisch werden Mädchen anders behandelt als Jungen. Die meisten Eltern, Geschwister usw. bezeichnen ein Baby nicht mit „es", sondern mit „sie" oder „er": er hat sich wohl den Magen verdorben; sie schläft nun schon durch. Damit verknüpfen sich automatisch unterschiedliche Bedeutungen und Erwartungen.
Dass also Mädchen und Jungen schon sehr früh anders behandelt und geprägt werden, ist sicher unumstritten. Die Frage ist nur, ob es stimmt, dass Mädchen von vornherein in eine schwächere oder benachteiligte Position und Jungen in eine stärkere und privilegiertere Position gedrängt werden.
Schreit ein kleines Mädchen, wird ihm eher Angst oder Bedürftigkeit unterstellt und entsprechend reagiert; schreit ein kleiner Junge in der gleichen Weise, wird ihm eher Selbstbehauptung oder Wut unterstellt und entsprechend reagiert.
Solche und ähnliche Interaktionen lassen darauf schließen, dass Mädchen schon sehr früh rücksichtsvoller und nachsichtiger behandelt werden als Jungen.

Wenn Kleinkinder feststellen, dass es unterschiedliche Geschlechter gibt und sie dem einen oder anderen zugehören, gehen sie natürlich auf die Suche nach Merkmalen, die das Mädchen- bzw. Junge-Sein ausmachen. Wobei Jungen es vermutlich etwas schwerer haben als Mädchen.
Denn Mädchen brauchen einfach nur die Mutter nachzuahmen, während Jungen sich von der Mutter abgrenzen müssen und die männlichen Rollen und Aufgaben in ihrer häuslichen Umgebung kaum zu Gesicht bekommen.
Der kleine Junge weiß nicht, was der Vater eigentlich macht, sondern sieht ihn nur weggehen und wiederkommen; ist also mehr als das Mädchen darauf angewiesen, sich Hinweise im außerhäuslichen Bereich zu suchen.
Obwohl also Kinder schon sehr früh mit weiblichen bzw. männlichen Merkmalen konfrontiert werden, ist es doch heutzutage nicht mehr üblich, sie bewusst geschlechtsspezifisch zu erziehen; z.B. Mädchen nur Puppen und Jungen nur Autos zum Spielen anzubieten.
So klettern Mädchen genauso gern auf Bäume wie Jungen. Und Jungen backen genauso gern Plätzchen wie Mädchen.
Der Unterschied liegt nur darin, dass Mut, Tapferkeit oder Leistung bei Jungen mehr gefördert wird als bei Mädchen. Und gerade Mütter/Frauen legen darauf besonderen Wert.

In der Pubertät haben Mädchen und Jungen mit Identitätskrisen zu kämpfen, die sicher nicht nur mit der Übernahme der Geschlechterrolle zu tun haben, sondern auch mit der Ablösung von den Eltern oder Verunsicherung und Verletzlichkeit in diesem Alter überhaupt zusammenhängen.
Mädchen machen nun die Erfahrung, dass all das, was sie bisher interessierte, nicht mehr so wichtig ist, sondern dass es nun hauptsächlich auf Attraktivität ankommt bzw. darauf, für das andere Geschlecht begehrenswert zu sein. Das führt häufig zu

Selbstzweifeln und dazu, dass andere Interessen eingeschränkt werden. So verinnerlichen jetzt viele Mädchen die Haltung, dass z.B. Mathematik, Technik oder Politik etwas „unweibliches" ist oder einfach nicht nötig ist.

Sind es nun eher Männer oder Frauen, die Mädchen in eine solche Haltung drängen? Und warum machen es so viele Mädchen und Frauen bereitwillig mit, ihre Interessen auf Haushalt, Mode und Kosmetik zu beschränken? Sicher sind Männer daran interessiert, dass Frauen schön/attraktiv sind und putzen und kochen können. Aber welches Interesse sollten sie daran haben, dass Frauen auch dumm, unfähig oder ungeschickt sind? Von dem Gefühl, überlegen zu sein, haben sie eigentlich wenig; während Frauen aus ihrer vermeintlichen Unterlegenheit ständig Profit ziehen: indem sie alles Mögliche nicht können, müssen das eben andere für sie erledigen.

Der springende Punkt ist, dass es in erster Linie wieder die Mütter sind, die Bequemlichkeit oder auch Mutlosigkeit bei ihren Töchtern tolerieren oder sogar fördern, bei den Söhnen aber strikt missbilligen.

Mütter vermitteln jetzt ihren Töchtern: Natürlich musst du einen Beruf erlernen und kannst auch dieses und jenes tun, aber das Wichtigste ist, den „richtigen" Mann zu finden, also einen, der dir ein gesichertes und sorgenfreies Leben bieten kann.

Jungen erleben die Übernahme der Geschlechterrolle insofern nicht so einschneidend, da ihr Wert weiterhin an Tüchtigkeit, Leistung und Erfolg bemessen wird. Sie entwickeln nur Probleme bei zu starker Mutterbindung oder wenn geeignete männliche Modelle fehlen.

Jungen beginnen nun die Haltung zu entwickeln, dass sie die Liebe einer Frau nur dann verdient haben oder gewinnen und erhalten können, wenn sie entsprechend tüchtig und erfolgreich sind.

Diese Haltung wird vorwiegend wieder von Müttern und Frauen

erzeugt. Denn sie wissen eben, dass ein Mann trotz guten Aussehens und menschlicher Qualitäten bei einer Frau kaum Chancen hat, wenn er nicht das entsprechende Geld verdient.
Für eine Frau ist es nur wichtig, einen Mann nicht merken zu lassen, dass sie an seinem Geld oder Status interessiert ist.

Von nun an haben Frauen und Männer gelegentlich vielleicht noch gleiche Interessen, aber die Motive dafür unterscheiden sich grundlegend.
Mädchen oder Frauen tendieren dazu, sich nur noch für das zu interessieren oder das zu tun, was im Dienst ihrer Ziele steht oder mit einem persönlichen Nutzen für sie verbunden ist.
Jungen oder Männer interessieren sich weiterhin für die Dinge an sich. Ein Mann nimmt ein Gerät auseinander, weil es ihn interessiert, wie es funktioniert; oder er liest die Zeitung, weil er wissen möchte, was in der Welt passiert.
Eine Frau liest die Zeitung - wenn überhaupt -, um mitreden zu können oder nicht als dumm zu gelten. Oder sie lobt und bewundert den Mann nicht, weil es ihr ein echtes Bedürfnis ist, sondern weil sie ihn für sich gewinnen möchte; oder später, weil sie es als ihren Job betrachtet, den Mann bei Laune zu halten und anzuspornen.

2. HAUSFRAU, HAUSMANN

Bei kaum einer anderen Rolle wird so eindeutig mit verschiedenen Maßstäben gemessen wie bei der Hausfrauenrolle bzw. Hausmannrolle.
Entscheidet sich ein Mann dafür, den Beruf aufzugeben, um nur Hausmann und Vater zu sein, wird er - gerade auch von Frauen - nicht akzeptiert. Und nur wenige Männer können sich überhaupt so entscheiden, weil dies die Bereitschaft einer Frau voraussetzt, allein für den Lebensunterhalt aufzukommen, was äußerst selten oder fast nie vorkommt.
Ein Mann, der den Erziehungsurlaub in Anspruch nimmt, wird vielleicht gerade noch akzeptiert. Sagt aber ein Mann, dass er dauerhaft Hausmann sein möchte und auch wenn die Kinder größer oder aus dem Haus sind, nicht berufstätig sein möchte, dann wird er als arbeitsscheu, bequem und verantwortungslos bezeichnet; eben ein Nichtstuer, der sich von einer Frau aushalten lässt.
Erfüllt also ein Mann die üblicherweise weiblichen Aufgaben und Rollen, wird dies von Frauen nicht anerkannt. Haus- oder Familienarbeit wird bei Männern nur anerkannt, wenn sie *zusätzlich* zur Berufsarbeit stattfindet. Versucht ein Hausmann, seine Rolle dadurch aufzuwerten, indem er sich als „Familienmanager" bezeichnet, erhält er vielleicht vordergründig Beifall, wird aber im Grunde belächelt.
Viele „typisch weiblichen" Vorlieben oder Tätigkeiten wirken grotesk, wenn ein Mann sie ausführt. Ein Mann, der staubsaugt oder kocht, wirkt nicht komisch, weil damit notwendige Tätigkeiten verrichtet werden. Man stelle sich aber einen Mann vor, der mit Hingabe das Klofenster mit einer selbstgehäkelten Gardine dekoriert oder der liebevoll den Kaffeetisch deckt, um Nachbarsmänner zu einem Kaffeeklatsch einzuladen. Diese Männer bre-

chen dann in ein verzücktes „Ah" oder „Oh" aus, wenn sie bemerken, dass das Geschirr und die Servietten Ton in Ton gehalten sind und beginnen dann lebhaft mit ihren Gesprächen: ob helle oder dunkle Fliesen im Bad nun praktischer sind, wie teuer Geschenke bei Kindergeburtstagen sein dürfen, dass die Müllers sich nun scheiden lassen usw.

Oder man stelle sich einen Hausmann vor, der über Unausgefülltsein klagt, nachdem die Kinder größer oder aus dem Haus sind und nun mit Seidenmalerei oder Puppennähen anfängt oder einen Bastelkurs besucht, in dem gelernt wird, Geschenke nett einzuwickeln oder Servietten kunstvoll zu knicken.

Frauen hingegen, die „typisch männliche" Tätigkeiten verrichten - wie etwas reparieren oder Motorrad fahren - wirken in der Regel nicht komisch.

Frauen haben die Wahl (oder fordern dies zumindest), ob sie nun berufstätig sein, nur Hausfrau/Mutter sein möchten oder beides miteinander verbinden wollen. Männer haben diese Wahl normalerweise nicht, sondern sie müssen berufstätig sein und Geld verdienen. Die Möglichkeit, sich ganz der Versorgung und Erziehung der Kinder zu widmen, bleibt ihnen meist verwehrt.

Ganz Hausmann zu sein, kommt für die meisten Männer nicht infrage, selbst wenn sie es wollten, weil die meisten Frauen zur Übernahme der Ernährerrolle nicht bereit sind.

Der Unterschied zwischen Männern und Frauen liegt darin, dass Hausarbeit für Männer tatsächlich etwas langweiliges oder bestenfalls ein notwendiges Übel ist, während sie vielen Frauen offenbar Spaß macht und ihren Interessen durchaus entspricht. Wie wäre es sonst zu erklären, dass haushaltliche Erleichterungen (technische Geräte, Fertiggerichte usw.) Hausfrauen keineswegs dazu animieren, ein Buch zu lesen oder sich außerhäuslichen Interessen zu widmen? Sondern die gewonnene Zeit wird für Heimverschönerung verwendet, vielleicht auch für Mode oder Kosmetik. Oder die Hausfrau wird zur Über-Hausfrau, indem sie täglich staubwischt oder jede Woche die Fenster putzt.

Sagt eine Frau zu ihrem Mann „Du bist zu beneiden, führst ein abwechslungsreiches, interessantes Leben, während ich durch die Kinder ans Haus gefesselt bin", ist das nur dann keine Täuschung, wenn sie auf seinen Gegenvorschlag „Gut, dann geh du arbeiten, und ich bleibe zu Hause" auch wirklich eingeht.
Da Frauen aber wissen, dass die wenigsten Männer dies ernsthaft vorschlagen, können sie derartige Täuschungsmanöver gefahrlos vorbringen.

Viele Frauen stellen um vierzig herum fest, dass das Hausfrauen-Dasein auf die Dauer eben doch langweilig und unbefriedigend ist und wünschen sich mehr Anerkennung, Abwechslung und außerhäusliche Kontakte. Die Vorteile des Versorgtseins wollen sie zwar weiterhin genießen, aber nicht mehr die Nachteile inkaufnehmen.
Sie wollen endlich auch mal eigenes Geld haben, obwohl richtige Berufsarbeit für eine langjährige Hausfrau meist nicht mehr infrage kommt: die regelmäßige Verpflichtung und der härtere Wind im Erwerbsleben erscheinen dann doch eher bedrohlich als verlockend. Einerseits beklagt sie sich, als Hausfrau jahrelang geschuftet zu haben ohne bezahlt zu werden (obwohl ja der Mann für ihren Lebensunterhalt aufkam), andererseits traut sie sich aber eine bezahlte Arbeit gar nicht zu, sondern bevorzugt nun ehrenamtliche Tätigkeiten.
Auch hier liegt das Problem nicht in der Tatsache an sich, sondern in der Täuschung: die ehrenamtlich tätige Frau rühmt sich, mal wieder nur unentgeltlich zu arbeiten, verschweigt aber, dass sie wieder mal keine echte Verantwortung übernehmen möchte, sondern nur eine Arbeit für sie infrage kommt, die Spaß macht, keine regelmäßige Verpflichtung darstellt und die sie jederzeit

wieder abbrechen kann, wenn sie möchte.

Auch innerhalb der Frauenbewegung herrscht Widersprüchlichkeit und Uneinigkeit, was die Hausfrauenrolle angeht. Ist die Nurhausfrau nun benachteiligt oder nicht? Es ist ein Widerspruch, wenn die eine Hälfte der Frauen erbittert darum kämpft, nicht mehr länger zum „Heimchen am Herd" verdammt zu sein und damit eine untergeordnete und diskriminierende Rolle einzunehmen, während die andere Hälfte diese Rolle gern beibehalten möchte und nur um deren Aufwertung kämpft.
Eine wirklich diskriminierende Rolle läßt sich nicht aufwerten; sonst wäre sie ja nicht diskriminierend. Und wenn sie nicht diskriminierend ist, brauchte sie nicht aufgegeben oder aufgewertet zu werden.

Laut Umfrage einer deutschen Frauenzeitschrift wollen 60 % aller Frauen den Part der Hausfrau/Mutter übernehmen, wenn Kinder kommen oder da sind. Bei dem Rest geht es um Kompromisse wie Jobsharing oder Teilzeitarbeit nach dem Erziehungsurlaub.
In der Interpretation heißt es dann klagend: „Warum haben Frauen solche Schwierigkeiten damit, die Verantwortung für Haushalt und Kinder abzutreten?"
In Wirklichkeit haben Frauen keinerlei Schwierigkeiten damit, die Verantwortung für Haushalt/Kinder abzutreten. Im Gegenteil: sie fordern ja unentwegt, dass Männer, die Gesellschaft usw. sich mehr an der Kinderbetreuung und -erziehung beteiligen. Und sie haben auch keinerlei Schwierigkeiten damit, die Hausarbeit abzutreten; z.B. an eine Haushaltshilfe, ein Kindermädchen oder an den Mann.
Sondern viele Frauen haben Schwierigkeiten damit, den anderen Part (Geldverdienen, Alleinverantwortung für den Lebensunterhalt) zu übernehmen. Das bezieht sich vermutlich stärker

auf West-Frauen als auf Ost-Frauen.
Jedenfalls wird diese Tatsache verleugnet und dadurch kaschiert, dass Hausarbeit plötzlich wieder ganz hoch bewertet wird: das ehemalige „Heimchen am Herd" wird in „Familienmanagerin" umbenannt.

Zu dem Heimchen am Herd passte ja die Opferrolle. Warum aber sollte eine Familienmanagerin mit ihrer Rolle unzufrieden sein und aus ihr ausbrechen wollen?

Hausfrauen beneiden meist berufstätige Frauen, weil diese chicer aussehen, selbstbewusster auftreten, mehr Abwechslung haben und mehr Anerkennung erfahren. Aber sie wollen eben den entsprechenden Einsatz (regelmäßig zu arbeiten) nicht erbringen oder hatten einen Beruf gewählt, der nicht so besonders interessant ist.

Manchmal beneiden auch die berufstätigen Frauen die Hausfrauen wegen der Bequemlichkeit des Versorgtseins. Aber sie bleiben lieber berufstätig, weil sie finanziell nicht von einem Mann abhängig sein wollen oder weil sie sich durch Haushalt/Kinder allein nicht ausgefüllt fühlen.

Wenn einer Frau Erwerbsarbeit oder Verantwortung im öffentlichen Leben zu schwierig oder zu anstrengend erscheint, ist das ihr gutes Recht. Nur muss sie dann auch die Nachteile eines goldenen Käfigs inkaufnehmen.

3. BERUFSARBEIT, VERSORGUNGSDENKEN

Mädchen und Jungen haben hier und heute gleiche Ausbildungs- und Berufschancen. Unterschiede und Benachteiligungen sind manchmal durch die soziale Schicht bedingt, aber nicht durch das Geschlecht.
Entscheidet sich ein Mädchen für einen typisch weiblichen, geringer bezahlten Beruf (Verkäuferin, Friseuse, Erzieherin), dann liegt das nicht automatisch an der „Gesellschaft" oder den Männern, sondern kann auch eine freiwillige Entscheidung sein.
Wenn eine junge Frau dauerhafte Berufsarbeit für ihren Lebensplan nicht vorsieht, dann lohnt sich eben eine anstrengende oder lange Ausbildung für sie nicht.
Eigentlich müsste man diesen jungen Frauen wegen ihrer Ehrlichkeit mehr Respekt zollen als z.B. der Studentin, die ein langes und kostspieliges Studium beansprucht, aber in Wirklichkeit auch nicht arbeiten möchte, sondern nur ihre Chancen auf eine standesgemäße Heirat erhöhen oder eben die Zeit bis zur Familiengründung überbrücken möchte.

Wird einer Frau ein Job oder eine Position im öffentlichen Leben verweigert, nur weil sie eine Frau ist, sie ansonsten aber die gleiche Qualifikation wie ein Mann hat, dann ist das eine Ungerechtigkeit, die entschieden bekämpft werden muss; ebenso wie ungleiche Bezahlung für gleiche Arbeit.
Wo so etwas tatsächlich vorkommt, muss es schleunigst aufgedeckt und geändert werden; anstatt weiterhin darüber zu jammern oder es als letztes und schwaches Argument dafür zu benutzen, wie benachteiligt doch Frauen in unserer Gesellschaft sind.
Es wird immer nur bejammert und beklagt, dass zu wenige Frauen in Führungspositionen zu finden sind und zu wenige Männer z.B. in pflegerischen Berufen.

Sind es tatsächlich die Männer, die Frauen den Weg in gehobene Positionen verbauen? Oder sind es nicht vielmehr die Frauen selbst, die sich um Führungspositionen erst gar nicht bewerben? Weil ihnen der Ehrgeiz fehlt, weil ihnen an einem „Mehr" an Arbeit und Verantwortung nicht gelegen ist? Und sind es nicht gerade Mütter und Ehefrauen, die ihre Söhne und Männer zur Karriere anstacheln und davon abhalten, in einfachere Berufe zu gehen oder Hausmann zu werden?

Das Problem ist, dass das Versorgungsdenken von Frauen keineswegs ein Relikt aus alten Zeiten ist, sondern wesentlich verbreiteter als allgemein angenommen, auch bei modernen Frauen. Es bleibt nur ein Tabu-Thema oder wird verschleiert, weil Männer dies nicht erfahren dürfen, sondern in dem Glauben gehalten werden müssen, dass Frauen grundsätzlich immer nur aus Liebe heiraten und aus Liebe treu sind, aber am Geld oder Status des Mannes keineswegs interessiert sind.
Jede Frau ergreift heute einen Beruf, aber kaum eine Frau ist freiwillig bereit, ein Leben lang allein für ihren Lebensunterhalt zu sorgen oder gar eine Familie zu ernähren.
Viele Frauen opfern nicht den Beruf für Mann und Kinder oder verzichten auf die Karriere, sondern sind heilfroh, den Berufsstress endlich los zu sein oder das ungeliebte Studium abbrechen zu können. Die Täuschung „dir zuliebe" glauben fast alle Männer bereitwillig und nur allzu gern.
Mit diesem „dir zuliebe" flößen Frauen aber nicht nur Männern Schuldgefühle ein, sondern auch Kindern.
Selten oder nie hört man die ehrliche Version, die da hieße: ich habe dich geheiratet oder ich habe euch bekommen, weil es mir wichtiger und bequemer erschien, mich um Haushalt und Familie zu kümmern, anstatt ewig berufstätig zu sein oder eine anstrengende Karriere zu machen.
In Wirklichkeit sind es also eher Männer und Kinder, die den

Bedürfnissen von Frauen dienen als umgekehrt.
Im übrigen finden viele Männer in ihrem Job keineswegs Selbstverwirklichung und machen auch keine große Karriere, sondern schuften sich jahrzehntelang ab, um sich selbst und ihre Familie über die Runden zu bringen. Das betrifft Fließbandarbeiter genauso wie Buchhalter oder Zahnärzte.

Der wesentliche Unterschied zwischen Frauen und Männern liegt hier darin, dass Berufsarbeit für Frauen immer ein Spaß bleiben muss: eine Übergangsbeschäftigung bis zum Heiraten, eine Möglichkeit der Selbstverwirklichung oder ein Zusatzverdienst; jedenfalls eine Tätigkeit, die sie jederzeit wieder abbrechen können, wenn sie möchten. Zu regelmäßiger Verpflichtung oder lebenslanger Verantwortung darf das für eine Frau nicht ausarten.
Wenn eine Frau oder ein Mann zehn oder zwanzig Jahre lang keinen Beruf ausgeübt hat, um Kinder zu erziehen und sich nur der Familie zu widmen, dann war das eine private und freiwillige Entscheidung, deren Konsequenzen abzusehen waren: danach ist man/frau für den Arbeitsmarkt/Beruf nicht mehr so kompetent; zumal kaum eine Hausfrau bereit ist, sich in ihrem Beruf ein bisschen auf dem Laufenden zu halten, z.B. mal eine Fachzeitschrift zu lesen oder mit dem alten Betrieb in Verbindung zu bleiben.

Eine Frau, die nach einer Kinderpause wirklich wieder in den Beruf einsteigen will, findet meist auch Möglichkeiten. Das Problem „Arbeitslosigkeit" betrifft Männer und Frauen gleichermaßen. Schließlich wird einem Mann ein Job auch nicht hinterhergeworfen, sondern er muss sich darum bemühen.
Das Problem ist also nicht, dass für Frauen keine Chancen bestehen, sondern das Problem ist, dass Frauen diese Chancen nicht ergreifen oder nicht ergreifen wollen; sie können oder wol-

len keine Initiativen ergreifen, sondern erwarten - wenn überhaupt -, dass man sie irgendwie auffordert oder bedient.
Und auch hier wieder ein Täuschungsmanöver: statt einfach ehrlich zu sagen „ich trau' mich nicht" oder „ich bin zu bequem", werden andere Schuldige gesucht.
So neigen Frauen auch dazu, Schwierigkeiten, Unannehmlichkeiten oder Härten des Berufslebens sofort in Geschlechtsdiskriminierung umzumünzen, während Männer mit diesen Schwierigkeiten eben fertig werden müssen.

Es heißt oft, dass in der Berufswelt ein männliches Klima, ein männlicher Stil herrsche, während es in der Familie oder im Privaten ein weibliches Klima sei. Das hieße, dass Frauen und Männer von Natur aus verschiedene Eigenschaften haben und diese eben in ihren Arbeits- oder Lebensbereich hineintragen.
Ebenso wäre denkbar, dass Menschen sich den Bedingungen und Erfordernissen ihrer Arbeits- oder Lebenswelt anzupassen versuchen und Eigenschaften entwickeln, um darin bestmöglich zurechtzukommen.
So entwickeln Menschen in der Arbeitswelt eher Merkmale wie Durchsetzungsfähigkeit, Konkurrenzdenken usw., und wir bezeichnen diese Merkmale einfach als männlich, weil die Arbeitswelt bislang die Domäne der Männer war.

Eine wahre Kuriosität in puncto Versorgungsdenken wäre das sog. Ehegatten-Splitting, wenn es nicht auf Kosten der Steuerzahler ginge.
Da werden Ehen - auch kinderlose - staatlich subventioniert nur aufgrund der Tatsache, dass ein Partner (meist die Frau) sich entschließt, nicht zu arbeiten.
Vermutlich basiert das Ehegatten-Splitting auf dem Ideal der traditionellen Hausfrauen-Ehe. Praktisch heißt das, dass es auch heute noch Millionen Frauen gibt, die ihren Lebensunterhalt al-

lein dadurch verdienen, dass sie Ehefrauen sind. Und das freiwillig.
Denn was sollte eine kinderlose Frau davon abhalten, berufstätig zu sein oder den Mann zu verlassen, der eventuelle Berufswünsche missbilligt?
Da erwerben also Frauen, die möglicherweise den ganzen Tag nur Tennis oder Golf spielen oder sich mit Fitness, Mode, Kosmetik beschäftigen, die gleichen Rechte und Ansprüche wie Frauen mit Kindern oder Berufstätige: sie sind über den Mann krankenversichert, erbberechtigt, rentenberechtigt usw.
Ohne das Ehegatten-Splitting, also die Steuervergünstigungen für Verheiratete, gäbe es sicherlich nicht so viele Frauen, die ein Parasiten-Dasein führen (mit all seinen Vor- und Nachteilen).

Das weibliche Versorgungsdenken wird zwar bezüglich Geld (Sicherung des Lebensunterhalts) am deutlichsten, ist aber auch in anderen Bereichen eine tief verwurzelte Einstellung.
Im ersten Fall schieben Frauen Kinder vor, wenn sie sich von einem Mann ernähren lassen. In Wirklichkeit geht es ihnen natürlich um die eigene Versorgung; zunächst, um dadurch ihrerseits Kinder betreuen zu können. Aber auch wenn die Kinder größer sind und keine Rundumbetreuung mehr brauchen, geben sie ihr Versorgungsdenken nicht auf.
Aber nicht nur finanziell wollen sie versorgt sein, sondern auch in allen anderen Bereichen. Immer sollen andere irgendwie für ihr Glück, ihre Zufriedenheit usw. zuständig sein. Der Traumprinz soll sie emotional versorgen: ihr Glück und Geborgenheit bescheren. Die Kinder sollen ihrem Leben einen Sinn geben: ihr Erfüllung bescheren. Die Gesellschaft/Staat soll dafür sorgen, dass sie alle Rechte und Privilegien bekommt.
Verantwortung: Nein danke.

Das männliche Versorgungsdenken ist nicht so existentiell wie das weibliche. Platt ausgedrückt, brauchen Männer Frauen für Bett, Küche und Kinder (solange sie klein sind). Aber deshalb brauchten sie nicht zu heiraten - und deshalb tun sie es auch nicht.
Denn Sex ist überall und in jeder Situation besser als im Ehebett.
Und für ein warmes Essen und saubere Wäsche braucht ein moderner Mann heutzutage kein Eheweib mehr.
Das wahre männliche Bedürfnis ist wohl eher die weibliche Zuwendung und Anerkennung. Von klein auf werden Jungen von Müttern dazu erzogen, dass es das Wichtigste im Leben ist, einer Frau zu gefallen und zu Diensten zu stehen. So kommt es dann, dass viele Männer sich - meist unbewusst - zu Schwiegersohn-Typen entwickeln. Und gerade die Machos definieren sich ja fast ausschließlich über Frauen.

Nun ist Versorgungsdenken - ob weiblich oder männlich - sicher keine Sünde, sondern ein normales Bedürfnis; allenfalls eine Form von Unselbständigkeit.
Der Unterschied zwischen Männern und Frauen ist nur der: Wenn Männer ihr Versorgungsdenken irgendwie zeigen oder äußern, reagieren Frauen mit Empörung. Denn Frauen haben es schließlich verdient (womit eigentlich?), nur um ihrer selbst willen geliebt zu werden.
Umgekehrt ist das weibliche Versorgungsdenken ein so absolutes Tabu-Thema, dass kein Mann auf die Idee käme, dass Frauen „nur" deshalb treu sind.

Ein merkwürdiges und widersprüchliches Phänomen ist, dass Feministinnen zwar einerseits beklagen, dass zu wenige Frauen in typischen Männerdomänen (Wirtschaft, Politik usw.) zu finden sind, andererseits aber selbst meist traditionell weibliche

(soziale, pflegerische) Berufe wählen. Die meisten Feministinnen sind Sozialarbeiterinnen, Sozialpädagoginnen oder ähnliches; und sie nehmen lieber einen unterbezahlten Job in einem Frauenhaus an, als sich um einen verantwortungsvollen Posten in der „Männerwelt" zu bewerben.
Erfolgreiche Sekretärinnen, Ingenieurinnen usw. sind selten Feministinnen.

Die oft zitierte Aussage, dass Frauen doppelt so gut sein müssen wie Männer, um auf der Karriereleiter weiterzukommen, ist ein feministischer Glaubenssatz, der noch nie konkret belegt oder bewiesen wurde.

4. VERANTWORTUNG

Frauen neigen eher als Männer dazu, Verantwortung abzugeben statt zu übernehmen. Und umgekehrt wird Frauen seltener Eigenverantwortung zugestanden als Männern.
Kommt z.B. eine Frau in eine schwierige Lebenssituation oder in eine finanzielle Notlage, wird die Schuld sofort bei anderen gesucht: das liegt dann an den Männern oder eben an der Benachteiligung der Frau in unserer Gesellschaft. Auf die Idee, dass eine Frau ihre Misere auch selbst verschuldet haben könnte, kommt niemand. Ein Mann hingegen wird selbst verantwortlich gemacht.
Es sind gerade die Feministinnen, die Frauen entmündigen, indem sie für Frauenschicksale grundsätzlich andere (die Gesellschaft, die Erziehung, die Männer usw.) verantwortlich machen. Oder es wird mit der halben Verantwortung operiert: wenn einer Frau etwas gelingt, ist es ihr eigener Verdienst; misslingt etwas, sind andere schuld.

Frauen klagen gern über Doppelbelastung, auch wenn sie eine wirklich doppelte Verantwortung (z.B. Alleinverantwortung für den Lebensunterhalt und Alleinverantwortung für Kinder) gar nicht allein tragen.
Jedenfalls fordern Frauen umgekehrt mit der größten Selbstverständlichkeit, dass Männer solche Doppelbelastung auf sich nehmen: der berufstätige Mann soll sich in seiner Freizeit mehr am Haushalt beteiligen und sich mit den Kindern beschäftigen. Da ist dann von Doppelbelastung plötzlich keine Rede mehr.
Nicht genug, wenn ein Vater in seiner Freizeit mit den Kindern spielt, schwimmen geht oder eine Radtour macht, er wird trotzdem als „abwesender Vater" beschimpft, der nur die Schokoladenseite der Kindererziehung erlebt und sich nicht genug an

den „niederen" Pflichten des Haushalts und der Kindererziehung beteiligt.

Wenn also Frauen fordern, dass Männer sich *zusätzlich* zu ihren traditionellen Aufgaben (Beruf, Geldverdienen) mehr um familiäre und private Aufgaben kümmern sollten, dann müssten - im Sinne der Gleichberechtigung - Männer auch fordern dürfen, dass Frauen sich *zusätzlich* zu ihren traditionellen Aufgaben (Haushalt, Kinder) mehr am Geldverdienen beteiligen.

Das ganze Denken (besonders das Denken schwacher Frauen) ist also auf Klagen und Fordern ausgerichtet und darauf, möglichst viel Verantwortung und Aufgaben an den Partner abzugeben. Das Bedürfnis, dem Partner Aufgaben *abzunehmen*, ihn zu entlasten, so gut es geht, ist gänzlich abhanden gekommen.

Zweifellos waren es hauptsächlich Männer (und sind es vielfach immer noch), die für menschenunwürdige Zustände in unserer Gesellschaft und für den miserablen Zustand unserer Erde verantwortlich sind; die Kriege geführt und andere Barbareien getrieben haben.

Aber es ist ja logisch: diejenigen, die alles machen und alle Verantwortung tragen, vollbringen eben nicht nur Wohltaten, sondern richten auch Unheil an.

Frauen haben zu allen Zeiten in ihrem Zuständigkeitsbereich in gleicher Weise Wohltaten vollbracht, aber auch Unheil angerichtet.

Was nur heißen soll, dass die gegenwärtige Verherrlichung der Frauen und Verunglimpfung der Männer nicht nur unzutreffend ist, sondern auch nicht weiterführt in Richtung Gleichberechtigung.

Frauen sind weder die besseren noch die schlechteren Menschen. Sie sind auch hier und heute nicht mehr benachteiligt.

Sondern sie neigen eben zu Täuschungsmanövern und scheuen die Übernahme von Verantwortung.
Selbst in ihrem ureigensten Bereich, der Kindererziehung, wird diese Verantwortung gern abgegeben. Einerseits wird Familienmüttern (zu Recht) eine wichtige Funktion zugeschrieben; gelingt aber das Familienleben nicht - wenn Kinder verhaltensgestört oder gewalttätig sind, der Mann fremdgeht usw. -, wird die weibliche Mitverantwortung gern geleugnet und die Frau in einer Opferrolle gesehen.
Frauen geben die Verantwortung für Kinder auch gern und oft an andere ab: an den Vater, die Großeltern, den Kindergarten, die Schule; sie alle sollen sich möglichst viel und gut um die Kinder kümmern.

Die Frauenbewegung hat dafür gekämpft und weitgehend auch erreicht, dass Frauen die gleichen Rechte erlangen wie Männer. Aber allzuviele Frauen (nicht alle, aber sehr viele) haben nicht mehr mitgemacht, als sie merkten, dass gleiche Rechte auch gleiche Pflichten bedeuten. Dies wollten sie ja nun nicht. Zwar soll sich der Mann zur Hälfte an Haushalt und Kindererziehung beteiligen, aber die halbe Beteiligung an Existenzsicherung und öffentlicher/politischer Arbeit soll für Frauen eben freiwillig bleiben und keine Pflicht werden.
Ist eine Frau bereit, in irgendeinem Bereich etwas zu leisten oder Verantwortung zu übernehmen, erhält sie auch die entsprechende Befriedigung/Selbstbestätigung und Anerkennung. Und braucht sich nicht benachteiligt zu fühlen.
In einer schwächeren oder untergeordneten Position bleiben nur die Frauen, die Verantwortung lieber abgeben oder wichtige Entscheidungen anderen überlassen.
Vielfach ist es ja gar nicht Herrschsucht, wenn der Mann alle wesentlichen Entscheidungen trifft, sondern der Wille der Frau, wobei sich der Mann durchaus auch unbehaglich oder überfordert fühlen kann.

Frauen neigen dazu, andere (Männer) machen oder agieren zu lassen, um selbst nur reagieren zu müssen oder kritisieren zu können.
Das mag gelegentlich funktionieren, ist aber als Grundmuster eine verhängnisvolle Angelegenheit. Andere machen zu lassen und dann mit ihrem Tun nicht zufrieden zu sein, kann auf die Dauer nicht gutgehen; sondern da wäre Eigeninitiative und Eigenverantwortung angezeigt.

Wenn es um Geschlechterbeziehungen geht, gibt es eigentlich nur zwei Sorten von Frauen: nämlich solche mit Opfer-Mentalität (vermutlich die Mehrheit) und solche, die sich nicht als Opfer fühlen.
Und zweifellos hat Opfer- bzw. Täterbewusstsein etwas mit Verantwortungsbewusstsein bzw. dem Fehlen eines solchen zu tun.
Nun gibt es einmal ganz klare und eindeutige Opfer-Täter-Konstellationen. Wer einem Gewaltverbrechen, einer Naturkatastrophe oder einem Schicksalsschlag zum Opfer fällt, ist ohne „wenn und aber" ein richtiges Opfer. Woher aber kommt die generelle Opferhaltung der Frauen? Vermutlich profitieren Frauen von dieser Haltung genauso wie Männer.
Für Frauen ist es bequem, alles Übel dieser Welt den Männern in die Schuhe zu schieben und somit als die edleren Menschen zu gelten, die niemals irgendwie schuldig sind. Andererseits ist damit auch Selbstentmündigung verbunden: für nichts wesentliches selbst verantwortlich zu sein, heißt auch unbedeutend zu sein.
Für Männer ist es scheinbar recht angenehm, als Täter oder Macher angesehen zu werden. Dass das im Einzelfall auch negativ bewertet wird (wenn es um Gewalt oder Unterdrückung geht), scheint der großen Mehrheit nicht viel auszumachen.
Komplizierter wird es mit der Opfer-Täter-Konstellation, wenn

man bedenkt, dass z.B. fast alle Gewalttäter selbst Opfer von Gewalt waren; was natürlich keine Entschuldigung sein kann, sondern nur eine Erklärung.

Jedenfalls wird männliche Gewalt geradezu genüsslich thematisiert oder in die Schlagzeilen gebracht, während weibliche Gewalt - wenn überhaupt - nur ganz verschämt thematisiert wird und auch die Bereitschaft zu Verständnis/Erklärungen viel größer ist.

So wird kriminelles Verhalten (sogar Mord) bei Frauen oft entschuldigt oder mit mildernden Umständen verharmlost. Eine bislang brave und züchtige Hausfrau, die ihren Mann erschießt, weil er sie wegen einer Anderen verlassen wollte, kann eben einfach keine kaltblütige Mörderin sein, sondern sie wird womöglich noch als Opfer gesehen: als arme, betrogene und verlassene Frau.

Auch Frauen, die Kinder vernachlässigen oder misshandeln, werden meist nicht voll verantwortlich gemacht. Da ist dann von Überforderung, Affekthandlungen usw. die Rede.

Männer hingegen werden schon für vergleichsweise harmlose Vergehen (wie sexuelle Belästigung) voll verantwortlich gemacht. Also auch hier ziehen Frauen wieder Profit aus ihrer Opferrolle. Sie werden nicht für voll genommen (weil sie sich so verhalten) und sind deshalb auch nicht in gleicher Weise wie Männer strafmündig.

Wenn ein Junge oder Mann faul ist, dann liegt das an seiner Faulheit.

Wenn ein Mädchen oder eine Frau faul ist, dann liegt das daran, „dass Mädchen aufgrund ihrer Sozialisation zu mangelndem Ehrgeiz und Antriebslosigkeit erzogen werden".

Das Argument, dass für die Sozialisation im wesentlichen Frauen/Mütter zuständig sind, wird dadurch widerlegt, dass Frauen eben von einer Männerwelt bestimmt und geprägt werden.

Es wird also von Frauen (Feministinnen) sogar jedwede Logik eingebüßt, um nur keine Verantwortung (nicht mal im Denken) zu haben.
Die simple Botschaft ist: „Um meine Unschuld zu sichern, muss ich meine Fremdbestimmtheit beweisen".

5. SEXUALITÄT

Ein Männchen oder Mann hat - rein biologisch gesehen - mit dem Zeugungsakt seine Schuldigkeit getan oder seine wichtigste Aufgabe erledigt. Das heißt, von Natur aus ist der Mann nicht darauf angelegt, sich lebenslang an ein einziges Weibchen und deren Junge zu binden. Sein Interesse liegt eher darin, möglichst viele und gesunde junge Weibchen zu befruchten; wobei er sich auf Rivalenkämpfe gefasst machen muss, weil das Weibchen ihrerseits den Stärksten und Gesündesten bevorzugen wird.

Für das Weibchen oder die Frau ist mit der Zeugung nicht das Wichtigste erledigt, sondern das Wichtigste fängt jetzt erst an, nämlich Schwangerschaft, Geburt und Aufzucht der Jungen. Dazu baut sie ein Nest oder eine Höhle. Sofern die Jungen dort oder in der Obhut der Herde sicher aufgehoben sind, kann sie selbst auf die Jagd gehen, um Nahrung herbeizuschaffen. Andernfalls braucht sie jemanden, der für sie und die Jungen die Nahrung herbeischleppt; solange, bis die Jungen flügge sind.

Die Monogamie ist also weder eine biologische Notwendigkeit noch immer ein emotionales Bedürfnis, sondern eine wirtschaftliche Notwendigkeit (um die Vaterschaft festzumachen) oder ein moralisches Diktat (um „zügellose" Sexualität zu verhindern).

Nun ist die Sexualität nicht nur lustvoll und dient der Fortpflanzung, sie ist auch „frei" (durch die Pille usw.) und „schön" durch die Liebe. Wobei paradoxerweise gerade dies die Sache oft verkompliziert bzw. die Lust vergehen lässt.

Viele junge Paare tun sich allein deshalb zusammen, weil sie sich sexuell voneinander angezogen fühlen und nicht, weil sie sich vielleicht gut verständigen können, einen ähnlichen sozialen Hintergrund haben oder eine ähnlich starke oder schwache Persönlichkeit sind. Das kommt zunächst den Bedürfnissen von Männern mehr entgegen als denen von Frauen.

Mädchen (junge Frauen) neigen zu der Haltung: du musst mir erst sagen, dass du mich liebst und mir treu sein willst, ehe ich mit dir ins Bett gehe.

Jungen (junge Männer) neigen zu der Haltung: du musst schon mit mir ins Bett gehen, ehe ich dir sagen kann, dass ich dich liebe und dir treu sein will.

Und weil beide die Bedürfnisse des anderen kennen und erfüllen wollen, beteuert der Junge eben seine Liebe, ehe er mit dem Mädchen schläft und sie schläft mit ihm, um seine Liebe zu gewinnen.

Obwohl Frauen und Männer normalerweise gleichermaßen Spaß an der Sexualität haben, sind also ihre Motive, weshalb sie miteinander ins Bett gehen, meist total unterschiedlich.

Ein Mann strengt sich an, tut alles mögliche, um einer Frau zu imponieren und sie endlich „rumzukriegen", womit sein Ziel sozusagen erreicht ist. Für eine Frau ist der Geschlechtsakt weniger das Ziel, als vielmehr ein Mittel, um die Liebe des Mannes zu gewinnen oder ihn an sich zu binden.

Will ein Mann eine Frau verführen, lädt er sie vielleicht zum Essen oder ins Kino ein, erwähnt seine beruflichen Erfolge oder Absichten und zeigt ihr sein Auto und seine Wohnung.

Will eine Frau einen Mann verführen, legt sie vor allem Wert auf ihr Äußeres: macht sich sorgfältig zurecht, um möglichst attraktiv zu wirken.

Für Frauen ist die Sexualität des Mannes eine ziemlich klare Angelegenheit. Sie weiss, dass Sexualität ihm wichtig ist, seine Potenz ihm sogar das Heiligste ist und dass er auf Versagen sehr empfindlich reagiert.

Für Männer hingegen ist die weibliche Sexualität unklarer. Das

reicht von der Vorstellung, dass Frauen wohl überhaupt keinen Sexualtrieb haben bis hin zu der Befürchtung, dass sie womöglich unersättlich sind.
Jedenfalls verstehen Frauen es besser, sich irgendwie „geheimnisvoll" zu geben. Obwohl da kein besonderes Geheimnis ist, vermittelt es Männern das Gefühl, Frauen seien irgendwie edler, reiner als sie selbst.

Die Kirchen haben mit ihrer sexualfeindlichen Moral nichts anderes im Sinn, als Menschen Schuldgefühle einzuflößen und sie damit in Schach zu halten. Obwohl von Männern ersonnen, kommen einige Forderungen jedoch Frauen mehr zugute als Männern: z.B. die Forderung nach vorehelicher Enthaltsamkeit oder lebenslanger Treue. Der Mann kriegt seinen Sex erst dann, wenn er sich auch in die Pflicht nehmen lässt. Die Frau ist an Treue interessiert, weil das ihre Versorgung gewährleistet. Aber was sollte einen Mann veranlassen, bei einer ungeliebten, nörgelnden oder frigiden Frau zu verharren?
Bemerkenswert ist, dass auch in legalen Partnerschaften wie der Ehe im Grunde die Gesetze der Prostitution herrschen.
Ein Mann muss sich die Liebe einer Frau sozusagen erkaufen: erst wenn er ihr einen gewissen Rahmen bieten kann, materielle Sicherheit oder auch einen gewissen Luxus, ist er ihrer Liebe würdig. Und die Frau erbringt Liebesdienste - sexuelle und auch andere -, um die Liebe eines Mannes zu gewinnen oder eben ihren Lebensunterhalt damit zu verdienen.
In der traditionellen Hausfrauen-Ehe ist die Frau sogar beides: Prostituierte und Zuhälterin zugleich. Prostituierte, weil sie sich für Liebesdienste bezahlen, aushalten lässt. Und Zuhälterin, weil sie den Mann anschaffen (Geld verdienen) schickt und ihm dafür „den Rücken freihält", die Suppe kocht, die Hemden bügelt oder Kinder betreut.
Nachdenklich macht dabei nur folgendes: Früher waren es man-

gelnde Bildungs- und Ausbildungschancen für Mädchen oder eben das traditionelle Rollenverständnis, das Frauen in eine solche Konstellation drängte. Obwohl das alles nicht mehr gegeben ist, gibt es weiterhin viele Frauen, die freiwillig in solche Abhängigkeiten streben oder die einfachere Berufe (Verkäuferin, Friseuse usw.) wählen.

Frauen setzen ihre Sexualität im Gegensatz zu Männern oft aus Berechnung ein. Die brave Hausfrau schläft vielleicht häufiger als ihr recht ist mit ihrem Mann, weil sie das für ihre eheliche Pflicht hält und sie den Mann halten will, weil ihre Existenz davon abhängt.
Die etwas kapriziösere Frau legt sich vielleicht ein Negligé zu, geht ins Fitness-Studio oder auf eine Schönheitsfarm, um sich dadurch einen attraktiveren (reichen, erfolgreichen) Mann zu angeln.

Das häufigste und übelste weibliche Täuschungsmanöver im Bereich der Sexualität ist sicher die Vortäuschung eines Orgasmus.

Es ist kein Wunder, dass Frauen (besonders Feministinnen) das Thema „Sexueller Missbrauch" so vehement und leidenschaftlich aufgegriffen haben - und sich für alle anderen Verbrechen wenig oder gar nicht interessieren.
Frauen sehen eben immer nur das, was sie sehen wollen: was sie in ihrem Menschenbild - dass Frauen immer Opfer sind - bestätigt.
Es bedarf wohl keiner Diskussion, dass sexueller Missbrauch (besonders an Kindern) zu den scheußlichsten Verbrechen gehört.
Aber die Meinung zu verbreiten, sexueller Missbrauch sei ein Massenphänomen, ist eine unerhörte Verständnislosigkeit ge-

genüber allen tatsächlichen Opfern. Was muss ein tatsächlich missbrauchtes Kind empfinden, wenn es hört, dass sowas ganz normal ist oder dass alle Männer schlecht sind?
Was bringt es, partout nachweisen zu wollen, dass jedes dritte Mädchen oder Frau in ihrem Leben sexuell missbraucht wurde?
Was bringt es, keinerlei Unterschied zu machen zwischen harmloser sexueller Belästigung und schwerem Missbrauch?
Was muss eine vergewaltigte Frau empfinden, angesichts der feministischen Hysterie schon bei den kleinsten Belästigungen? Wenn ein angetrunkener Mann einer Frau das Knie tätschelt oder auf den Po klapst, ist das sicher nicht schön; aber eine normale, erwachsene Frau kann das wegstecken, ohne sich gleich ihrer gesamten weiblichen Würde beraubt zu sehen. Als wenn es keine schlimmeren Übel auf dieser Welt gäbe!
Warum werden nur Fälle beschrieben, in denen Mädchen/Frauen die Opfer sind und Männer die Täter? Tatsache ist, dass 30 % aller sexuell missbrauchten Kinder Jungen sind; wobei allerdings - im Bereich des sexuellen Missbrauchs - überwiegend Männer die Täter sind.
Andere Formen von Kindesmisshandlungen (physische oder psychische Gewalt oder Vernachlässigung) kommen vergleichsweise häufiger vor; und hier sind überwiegend Frauen (Mütter) die Täterinnen.
Es ist auch eine seltsame Haltung, Frauen und Kinder gleichzusetzen. Ein Kind ist wirklich abhängig, den Eltern oder Erwachsenen ausgeliefert. Aber eine Frau ist ein erwachsener Mensch oder sollte es zumindest sein. Wenn eine Frau ihr „Nein" nicht signalisieren oder aussprechen kann (von Gewaltverbrechen jetzt mal abgesehen), ist das ihr Problem und nicht das des Mannes.
Sexuell missbrauchte Kinder leiden einmal an der Missbrauchserfahrung selbst. Noch mehr aber leiden sie darunter, dass kei-

ne Mutter da war, die sie geschützt hat oder der sie sich anvertrauen konnten. Oder noch schlimmer: die Mutter hat ihnen nicht geglaubt oder ist (aus Egoismus oder Versorgungsdenken) bei dem Täter geblieben oder hat ihn sogar geschützt.

Welchen Zweck erfüllt die feministische Einstellung, dass sexueller Missbrauch Machtmissbrauch wäre? In Wirklichkeit ist es ein Zeichen von Ohnmacht und Schwäche. Wer sich an einem Kind vergreift (oder einem vermeintlich schwachen Erwachsenen), ist selbst schwach. Nur unreife oder zurückgebliebene Menschen sind zu solchen Taten fähig.
Ein normaler, erwachsener Mann hat es nicht nötig, sich an Kindern zu vergreifen oder eine Frau zu vergewaltigen. Genauso wie eine normale, erwachsene Frau es nicht nötig hat, immer nur zu jammern und Männer schlecht zu machen.

6. KINDERWUNSCH, KINDERKRIEGEN

Warum wünschen sich und kriegen Leute hierzulande Kinder? Die Frage stößt fast immer auf Abwehr oder Unverständnis: Muss man das denn erklären? Das ist doch ganz natürlich! Aus Liebe natürlich!
Wie auch die Sexualität ist der Kinderwunsch oft mit romantischen und überhöhten Idealisierungen befrachtet. Wenn schon im wirklichen Leben nicht alles so toll ist, sollen wenigstens die Illusionen erhalten bleiben.
„Weil das eben so üblich ist" ist vielleicht noch die ehrlichste Antwort. Obwohl es insofern nicht stimmt, weil es klare Normen für die Lebensgestaltung nicht mehr gibt, sondern jeder seinen Lebensplan allein entwerfen darf oder muss.
Es scheint also sehr unterschiedliche Motive für den Kinderwunsch zu geben, wobei auffällt, dass ausgerechnet bei einer so wichtigen Entscheidung wie dem Kinderkriegen die Motive sehr vage, unklar, unbewusst sind. Offenbar ist es sehr schwierig, die „wahren" Motive zu erkennen und zu benennen.
„Natürlich" ist das Kinderkriegen jedenfalls nicht, indem es einfach die Folge von Liebe und Sexualität ist. Denn durch natürliche oder künstliche Empfängnisverhütung haben wir die Wahl, ob die Liebe nun mit oder ohne Folgen bleiben soll. „Notwendig" ist das Kinderkriegen auch nicht, denn angesichts der weltweiten Bevölkerungsexplosion und drohender Überbevölkerung wird die Menschheit ganz bestimmt nicht aussterben. Und eine Altersversorgung sind Kinder heutzutage auch nicht mehr.
Die schlichte Aussage, dass man Kinder haben möchte oder hat, weil sie eine Bereicherung darstellen, hört man seltsamerweise fast nie. Vermutlich klingt das zu egoistisch; ein bisschen mehr nach „Opfer" oder „wichtiger Aufgabe" muss es sich schon anhören.

Jedenfalls ist das Kinderkriegen für niemanden ein „Muss", sondern eine persönliche und freiwillige Entscheidung. Das ist einerseits gut so, führt aber auch zu dem Druck, die Entscheidung für oder gegen ein Kind jedesmal begründen zu müssen bzw. die Konsequenzen selbst zu verantworten.

Da sind zunächst mal die ungeplanten oder auch ungewollten Kinder. Es ist nun mal passiert, und die Eltern oder auch nur die Mutter akzeptieren es entweder (und bereiten sich dann auch auf das Kind vor) oder es besteht die Möglichkeit, die Schwangerschaft abzubrechen. Mit der Aufhebung des § 218 und der Straffreiheit des Schwangerschaftsabbruchs ist die einzige und wirklich schreckliche Entmündigung von Frauen zum Glück beseitigt.
Schlimmstenfalls gelingt beides nicht: weder die Akzeptanz des Kindes noch ein Abbruch.

Wenn z.B. ein noch unreifes oder naives junges Mädchen nach einer Disco-Nacht oder ähnlichem schwanger wird und sich entschließt, das Kind zu bekommen, obwohl sie weder einen Beruf noch einen Partner noch eine richtige Wohnung hat, ist das keine unterstützenswerte Heldentat, sondern schlichtweg Verantwortungslosigkeit.
Die so geborenen Kinder sind natürlich gefährdet: werden vielleicht vernachlässigt oder überbehütet oder gar zu Pflege- oder Heimkindern. Oder sie müssen in der ärmlichen und isolierten Welt einer Sozialhilfeempfängerin aufwachsen. Hinzu kommt das Problem, dass sich viele solcher Frauen an die jahrelangen (wenn auch spärlichen) staatlichen Zuwendungen oder Unterhaltszahlungen derart gewöhnen, dass sie an Arbeit oder selbständige Lebensbewältigung gar nicht mehr denken oder vielleicht auch nicht mehr dazu fähig sind; was sich wiederum negativ auf die Kinder auswirkt.

Was sind nun die Motive bei den Wunschkindern?
Bei Frauen lassen sich folgende ausfindig machen:

* weil das halt normal ist und meine Eltern usw. das erwarten

* weil das meinen Wert als Frau erhöht und mir Anerkennung verschafft

* weil ich gern etwas hätte, das mir ganz allein gehört

* weil ich gern etwas Kleines wie ein Baby beschützen und versorgen würde

* weil ich mir die Geborgenheit einer Familie wünsche

* weil mir Nestbau und ein gemütliches Heim schaffen mehr Spaß macht als zu arbeiten

* weil ich gern erleben möchte, wie das ist: Schwangerschaft, Geburt usw.

* weil ich mir mit Kindern selbst Versorgungsansprüche sichern kann

* weil ich im Alter nicht allein sein möchte

* weil mein Leben so leer ist und ein Kind ihm Sinn verschaffen könnte.

Bei Männern sind nur die ersten beiden Motive die gleichen:

* weil das halt normal ist und meine Eltern usw. das erwarten

* weil das meinen Wert als Mann erhöht und mir Anerkennung verschafft

* weil ich eine Familie gründen und für sie sorgen möchte

* weil meine Frau dann mehr auf mich angewiesen ist und nicht so leicht weglaufen oder widerspenstig sein kann

* weil jemand den Betrieb, den Hof usw. übernehmen und erben muss

* weil ich in einem Kind irgendwie weiterleben, mich unsterblich machen kann

* weil mein Leben ausgefüllt ist und es schön wäre, ein Kind daran teilhaben zu lassen.

Naturgemäß sind es die Frauen, die Kinder kriegen und für die Schwangerschaft, Geburt und Stillzeit ein ziemlicher physischer und psychischer Einschnitt sind. Auch wenn Männer an alledem teilzuhaben versuchen, sind sie nun mal nicht gleichermaßen beteiligt wie die Frau. Und da das Stillen die ständige Präsenz der Frau erfordert, liegt es auch nahe, dass sie zunächst auch die übrige Versorgung des Babys übernimmt und damit die ersten Bindungen herstellt.
Ein Märchen ist es sicher, dass die leibliche Mutter durch Schwangerschaft und Geburt „automatisch" eine innige Bindung zu dem Neugeborenen hat. Auch eine leibliche Mutter muss erst lernen, mit ihrem Baby umzugehen und eine Beziehung zu ihm herzustellen, was mehr oder weniger gut gelingen kann. Wenn aus irgendwelchen Gründen ein anderer, vielleicht der Vater, die Versorgung des Babys übernehmen muss, gelingt das in der Regel genauso gut. Das heißt, der Vater könnte es genauso

gut, aber sicher auch nicht besser. Warum also sollte die gewohnte und natürlichere Vorgehensweise, nämlich dass die Mutter das Kind zunächst betreut, nicht beibehalten werden?
Allerdings müsste die freie Wahl der Rollen - wer nun die älteren Kinder betreut und wer das Geld verdient - im Sinne der Gleichberechtigung schon gegeben sein. Die staatlichen Unterstützungen wie Erziehungsurlaub, Erziehungsgeld, Kindergeld, Steuervergünstigungen usw. werden Frauen und Männern gleichermaßen gewährt.
Das Paar selbst hat auch die freie Wahl und muss sich nur einig werden.
Falls beide lieber berufstätig sind oder der Karriere den Vorrang geben, brauchen sie ja kein Kind zu bekommen. Wo liegt also das Problem? Oder gibt es gar kein Problem? Sind es die bösen Männer, die Frauen an den Herd zwingen wollen? Tut der Staat zu wenig, indem er nicht die ganze Verantwortung der Kindererziehung übernimmt?
Sehr fraglich ist, ob Frauen, die sich entschließen, ganz und gar und lebenslang nur für Kinder, Mann und Haushalt dazusein, nun automatisch die besseren Mütter sind. Denn in der Regel sind das Frauen, die selbst ein starkes Bedürfnis nach Geborgenheit und Sicherheit haben, die vielleicht etwas unselbständig und unreif geblieben sind oder denen Berufsarbeit oder aktive Teilnahme am öffentlichen Leben eher Angst macht. Sie spinnen sich dann ganz in ihre Häuslichkeit ein und verlieren manchmal auch die Fähigkeit, gute und lebendige Kontakte zu Verwandten, Freunden, Bekannten aufrechtzuerhalten oder herzustellen. Die einzigen Kontakte sind dann oft der Plausch am Gartenzaun oder der Kontakt mit anderen Müttern.
Kinder gehen dann oft auf die Nerven und die Frau ist nur noch daran interessiert, dass sie sich allein beschäftigen oder sie irgendwohin geben zu können, wo sie gut aufgehoben sind. Oft werden solche Frauen dann zu Über-Hausfrauen (Putzfimmel

usw.), denen es ein Greuel ist, mit ihren Kindern zu spielen oder wenn die Kinder Unordnung machen. In aller Regel sind sie nicht bereit, die Hausarbeit zurückzustellen, um mit ihren Kindern zu spielen oder einen Ausflug zu machen; weil ihnen aufräumen, Hausarbeit wichtiger und weniger anstrengend ist als die Beschäftigung mit Kindern.

Wirklich auffällig wird es aber erst dann, wenn Frauen ihre Mutterschaft bewusst zu ihrem eigenen Vorteil oder Nutzen verwerten, was durchaus keine Seltenheit ist. Das fängt mit der Glorifizierung der Geburt selbst an. Obwohl die Fähigkeit zu gebären der Frau von Natur aus gegeben ist, also nicht ihr eigener Verdienst ist, kann sie sich nicht damit begnügen, die Geburt als ein kleines Wunder anzusehen, sondern erwartet stattdessen die allergrößte Hochachtung und Verehrung.
Und als Mutter sieht sie sich gern als Märtyrerin, als Sich-Aufopfernde, die sich damit verdient hat, nur noch Ansprüche zu stellen und für nichts anderes mehr verantwortlich zu sein.
So kultivieren Frauen z.B. den Mythos, kinderlieb zu sein, obwohl sie sich für verwahrloste Nachbarskinder nicht ernsthaft interessieren. Überhaupt beschränkt sich weibliche Hilfsbereitschaft oft nur auf Ernährung oder Pflegerisches. Zu echter Unterstützung oder Ermutigung anderer oder gar zu Engagement außerhalb der eigenen vier Wände sind viele Frauen nicht fähig.
Was alles nur heißen soll, dass Frauen auch bezüglich Kinderwunsch/Kinderhaben zu Unehrlichkeit und Täuschungen neigen. Sie sagen: „Ich habe Kinder, um Verantwortung zu tragen, um mich aufzuopfern (habe ihretwegen auf Beruf und Karriere verzichtet) und um die Renten der zukünftigen Generation zu sichern".
In Wahrheit bekommt keine Frau ein Kind, um damit die Renten zu sichern. Das wäre auch unnatürlich und absurd. Die Wahr-

heit sieht eher so aus: „Ich wollte Kinder, um die Geborgenheit einer Familie/eines Heims zu haben, um versorgt zu sein, statt selbst zu arbeiten, und um im Alter nicht allein zu sein".
Was ist so schlimm an derartigen Wahrheiten, dass Frauen sich nicht zu ihnen bekennen können?

Wenn es um die Entscheidung für oder gegen ein Kind geht, wird die weibliche Macht und männliche Ohnmacht besonders deutlich; obwohl gerade hier Frauen gern die Opferrolle vortäuschen.
Zunächst einmal sind beide Partner sowohl für Zeugung als auch für Verhütung gleichermaßen verantwortlich.
Allein entscheiden zu wollen, ob Kind oder nicht, ist genauso egoistisch wie dem Partner eine Verantwortung aufzubürden, die er nicht will.
Ein Mädchen oder eine Frau, die wirklich kein Kind will, verhütet auch zuverlässig. Wenn nicht, geht sie das Risiko einer Schwangerschaft ein oder legt es vielleicht sogar bewusst darauf an.
Entscheidet sie sich zu einer Abtreibung, müsste der Partner das akzeptieren (egal, was er selber will). Denn man kann keine Frau gegen ihren Willen dazu nötigen, ein Kind zu bekommen und aufzuziehen. Es sei denn, der Mann ist dazu bereit, die Verantwortung für das Kind allein und komplett zu übernehmen.
Der andere Fall wäre, dass die Frau das Kind gegen den Willen des Partners bekommen will. Auch hier dürfte der Mann die Frau nicht zu einer Abtreibung nötigen. Allerdings müsste die Frau die Verantwortung für das Kind dann auch vollständig allein übernehmen (das heißt auch die finanzielle Versorgung).
Genauso wie eine Frau nicht zur Mutterschaft gezwungen werden darf, darf ein Mann auch nicht zur Vaterschaft gezwungen werden. Einen Mann, der ausdrücklich kein Kind wollte, dann gegen seinen Willen in die Pflicht zu nehmen oder zu Unter-

haltszahlungen zu zwingen, ist schlichtweg unmoralisch.
Frauen können also ganz allein entscheiden, ob sie ein Kind bekommen wollen oder nicht. Männer haben da keinerlei Mitspracherecht, sondern müssen sich dem Willen der Frau fügen: sie müssen eine Abtreibung akzeptieren, auch wenn sie das Kind wollen; und sie müssen sich zu Zahlvätern degradieren lassen, wenn sie das Kind nicht wollten oder gar wenn es ihnen untergejubelt wurde.

Die Zukunft wird wohl so aussehen, dass nur noch junge, sozial schwache und beziehungsunfähige Frauen Kinder bekommen; also Frauen, die (noch) keine richtige Berufsausbildung haben und zu eigenverantwortlicher Lebensgestaltung (noch) nicht fähig sind. Auf der anderen Seite werden leistungsfähige und arbeitswillige Singles doppelt so viel arbeiten und doppelt so viele Abgaben zahlen müssen (ohne partnerschaftliche oder familiäre Unterstützung), um den Sozialstaat zu tragen und zu finanzieren.

7. ABHÄNGIGKEIT, UNABHÄNGIGKEIT

Das Bedürfnis oder Streben nach Unabhängigkeit/Autonomie einerseits oder nach Abhängigkeit/Bindung/Zugehörigkeit andererseits steckt wohl gleichermaßen in jedem Menschen.
Schon das Kleinkind kämpft um seine Unabhängigkeit/Selbständigkeit, will alles allein machen. Andererseits krabbelt es auch ganz gern auf Mamas oder Papas Schoß und ist froh, wenn diese ihm eine Entscheidung auch mal abnehmen.

Im Lauf der Entwicklung müssen wir nun lernen, in diesem Spannungsfeld zu leben und zu entscheiden, welchem Bedürfnis wir den Vorrang geben wollen; denn beides gleichzeitig geht meistens nicht.
Nun ist es eine Binsenweisheit, dass jedes Ding zwei Seiten hat. Unabhängigkeit/Autonomie schafft einerseits ein gutes Gefühl. Nicht auf andere angewiesen zu sein, gibt Selbstvertrauen. Etwas allein zu schaffen, erfüllt uns mit Stolz und Freude; gerade auch dann, wenn es mit einer gewissen Anstrengung verbunden ist. Es macht Mut, ermutigt zu neuen Taten, und nicht zuletzt ist ein selbständiger Mensch auch ein besserer Mitmensch als ein unselbständiger und kann anderen mehr geben, was sich wiederum positiv auf sein Selbstgefühl auswirkt, wodurch er wieder mehr geben kann usw.
Die Kehrseite der Medaille ist, dass Unabhängigkeit und Selbständigkeit einem nicht zugeflogen kommen, sondern immer einen gewissen Einsatz erfordern: Können, Mut, Kraft, Entscheidungsfähigkeit, Initiative oder Gefühlsstärke (-klarheit). Wobei es passieren kann, dass wir diesen Einsatz nicht erbringen können oder wollen oder ihn uns nicht zutrauen.
So kann Unabhängigkeit/Selbständigkeit auch Angst machen oder als Überforderung erlebt werden oder gar ein Gefühl von

Verlorenheit und Einsamkeit auslösen: Was ist, wenn ich es nicht allein schaffe? Keiner hilft mir notfalls!

Abhängigkeit heißt, in einem wichtigen Bereich auf andere (Menschen oder Dinge) angewiesen zu sein.
Nun ist es sicher ein Unterschied, ob diese Abhängigkeit freiwillig oder unfreiwillig ist. Von der Lebensluft oder einer Insulin-Spritze abhängig zu sein, ist sicher etwas anderes als die Abhängigkeit von einem Sektenführer, an den ich die Verantwortung für mein Seelenheil abgetreten habe.
Auf jeden Fall scheint Abhängigkeit etwas positives zu haben: für gewisse Dinge ist man nicht selbst zuständig/verantwortlich, sondern gibt diese Verantwortung ab: andere sorgen für meinen Lebensunterhalt, schaffen mir Sicherheit, sorgen für mein Glück, befriedigen meine Bedürfnisse oder nehmen mir unangenehme und schwierige Aufgaben ab.
Die Kehrseite der Medaille ist die Unfreiheit. Man braucht die Eltern, die Kinder, die Droge, das Dienstpersonal, den Therapeuten usw.; ist andernfalls hilflos und verloren. Die Tatsache, für nichts Wesentliches allein zu sorgen oder zuständig zu sein, führt zu einem Gefühl von Nichtigkeit, Wertlosigkeit, Überflüssigkeit.
So kommt es, dass die Luxus-Gattin, die scheinbar alles hat und nichts tut, Depressionen bekommt, statt dankbar zu sein; und der Drogenabhängige einen Suizidversuch macht, anstatt sich seines glücklichen Lebens zu erfreuen.

Wie kommt es nun, dass offenbar bei der Mehrzahl der Männer das Bestreben nach Unabhängigkeit überwiegt, während Frauen eher zu Abhängigkeit tendieren?
Sicher wollen Frauen und Männer die Vorteile/das Positive, das sowohl die Unabhängigkeit als auch die Abhängigkeit mit sich bringen, gleichermaßen beanspruchen. Der Unterschied ist, dass

Männer sich den Einsatz, den Unabhängigkeit erfordert, eher zutrauen als Frauen; und dass Frauen Abhängigkeit nur aus Bequemlichkeit heraus wählen und keineswegs weil sie es schön finden, sich anzupassen oder unterzuordnen. Wenn eine Frau sich wünscht, von einem Mann „beschützt" zu werden - indem er für sie sorgt, ihr wichtige Entscheidungen abnimmt usw. -, dann ist sie nun mal kein freier und gleichberechtigter Mensch, sondern in einer schwächeren und untergeordneten Position. Wenn ihr das Beschützt-Sein und dergleichen sehr wichtig ist, wird sie diese Rolle akzeptieren. Andernfalls hilft kein Protestieren, sondern nur die Übernahme einer gleichwertigen Verantwortung.

Solange sie ein Baby oder Kleinkinder versorgt und erzieht, hat sie auch eine gleichwertige Verantwortung. Später ist die Haushaltsführung und der Dienst an der Familie allein keine gleichwertige Aufgabe mehr. Zudem haben größere Kinder und auch Männer mehr Respekt vor einer Frau, die noch etwas anderes tut oder im Sinn hat, als nur das Dienstmädchen der Familie zu sein.

Wenn Frauen zunehmend unabhängiger, emanzipierter werden - und das heißt nun mal in erster Linie, finanziell nicht auf einen Mann angewiesen zu sein -, hat das für Männer einen Vorteil und einen Nachteil: der Vorteil ist, dass sie nun die Bürde, für den Lebensunterhalt verantwortlich zu sein, teilen können. Der Nachteil ist, dass sie nun nicht mehr allein das Sagen haben und die Frau nicht mehr so lieb und nachsichtig sein wird, weil ihre Angst, den Mann sonst zu verjagen, nicht mehr so existentiell ist.

Viele Partnerschaften haben mit Liebe - im Sinne von Verantwortung füreinander, Fürsorge, Unterstützung - nichts zu tun, sondern beruhen auf reiner Abhängigkeit. Man bleibt zusammen, weil man den Partner in irgendeiner Weise braucht.

Seltsam daran ist nur, dass das moralisch nicht akzeptiert wird und dass viele Menschen nicht offen zu sagen wagen (oder auch selbst nicht richtig wissen), was sie geben können und was sie brauchen. Eine Abhängigkeit, die auf Gegenseitigkeit beruht und wo keiner etwas geben muss oder soll, zu dem er nicht bereit ist und in der beim Geben nicht das Spekulieren auf die Gegenleistung das Ausschlaggebende ist, kann ja durchaus sinnvoll und befriedigend sein. Da kann sich ein echtes und positives Gefühl von Zusammengehörigkeit entwickeln, wenn nicht das Gefühl, den anderen zu brauchen, vorherrschend ist, sondern die Gewissheit, etwas wichtiges geben zu können.

Auffällig ist, dass viele Frauen auch dann die Abhängigkeit wählen, wenn ihnen alle Möglichkeiten der Unabhängigkeit offen stehen.
Was nur heißen kann, dass sie sich in Wirklichkeit gar nicht abhängig oder unterdrückt fühlen. Die Abhängigkeit von einem Mann ist nur finanzieller, wirtschaftlicher Art und bereitet keine Seelenschmerzen, sondern schafft nur Vorteile und Bequemlichkeiten.
Der Mann hingegen, der sich in den Dienst einer Familie stellt, begibt sich in emotionale Abhängigkeiten; das heißt, seine Verlustängste sind nicht existentieller, sondern gefühlsmäßiger Art.

Der Unterschied zwischen Kindern und schwachen, selbstunsicheren Frauen ist: Ein Kind ist naturgemäß klein, abhängig und oftmals auch wirklich unterlegen. Aber es hat den unbändigen Wunsch, groß und stark zu werden und alles allein zu schaffen.
Der schwachen Frau hingegen ist dieses Bedürfnis abhanden gekommen: sie will gar nicht selbständig, unabhängig oder eigenverantwortlich sein, sondern kämpft mitunter sogar wie eine

Löwin, um zumindest die finanzielle Abhängigkeit vom Mann aufrechtzuerhalten. Oder sie besteht direkt darauf, an die Hand genommen zu werden: andere (manchmal auch die Kirche, Gesetze usw.) sollen ihr Entscheidungen abnehmen und sagen, wo's lang geht.

Kinder, schon Kleinkinder wollen sich wichtig und bedeutend fühlen; sie sind stolz, für irgendetwas oder für sich selbst verantwortlich zu sein. Und sie wollen etwas leisten und entwickeln dadurch Selbstbewusstsein. Nur das Kind, das sich traut, auf den Baum zu klettern, kann das entsprechende Selbstwertgefühl entwickeln - und das wollen alle Kinder.

Die schwache Frau aber hat sich entschieden, sozusagen nicht auf den Baum zu klettern. Auch das weibliche Bedürfnis, immer unschuldig zu sein (also für nichts verantwortlich, unwichtig zu sein), ist Kindern gänzlich fremd. Insofern sind also Kinder - was menschliches Potential und Stärke angeht - Frauen wesentlich überlegen; zumindest den Frauen, die irgendwann entschieden haben, nicht wirklich erwachsen werden zu wollen.

Feministinnen finden es toll (angeblich), wenn eine Frau LKW-Fahrerin oder Kranführerin wird (was ist daran so schön oder emanzipatorisch?) oder wenn eine Frau einen Mann beschimpft und diffamiert (was ist daran so schön oder emanzipatorisch?). Aber sie werden böse und feindselig, sobald eine Schwester sich wirklich emanzipiert: Eigenverantwortung übernimmt und die Opferrolle ablehnt. Das darf nicht sein, weil es der feministischen Ideologie widerspricht. Und das könnte ja so aussehen, als wäre der Feminismus überflüssig; und dies soll auf keinen Fall passieren.

Als selbstbewusste oder gar erfolgreiche Frau hat man real in feministischen oder ähnlichen Kreisen einen schweren Stand: kaum eine Chance, akzeptiert oder integriert zu werden, sondern man wird angegiftet und ist verstecktem Neid ausgesetzt.

Ein graues Mäuschen, das sein Schicksal bejammert, bekommt hingegen alle Beachtung und Sympathie. Eine selbstbewusste Frau wird - wenn überhaupt - erst dann akzeptiert, wenn sie ausdrücklich bekundet hat, dass sie auch schwach sein kann und auch weinen kann. Das gefällt.
Im „normalen" Leben ist es selbstverständlich, dass Menschen stark und auch schwach sein können - und wird deshalb nicht weiter thematisiert.
Unter Feministinnen dagegen zählen nur Menschen, die sich als Opfer fühlen. Wenn eine Frau sich *nicht* als Opfer fühlt, ist das verdächtig. Dann muss wohl irgendetwas mit ihr nicht stimmen: dann ist sie womöglich genauso verdorben und verachtenswert wie Männer.
Seltsam ist auch, dass Feministinnen (s.o.) real nicht LKW-Fahrerinnen oder Kranführerinnen werden, sondern lieber Sozialpädagogik studieren.

Die Verunsicherung der Männer ist dadurch entstanden, dass die neuen Frauen zwar lautstark Emanzipation fordern, aber in Wirklichkeit gar nicht unabhängig sein wollen. Die männliche Angst vor „starken" Frauen ist also unbegründet.
Vor Feministinnen haben Männer sowieso keine Angst, weil diese das traditionelle Frauenbild - dass Frauen schwach, unterdrückt und benachteiligt sind - ja unentwegt bestätigen; höchstens die zänkischen oder zickigen werden abgelehnt.
Verständlicher ist die männliche Angst vor den wenigen, tatsächlich emanzipierten Frauen. Wenn eine Frau allein für ihren Lebensunterhalt sorgen, allein ihren Haushalt machen kann und auch sonst keine Probleme mit eigenständiger Lebensgestaltung hat, wozu sind sie (die Männer) dann noch da? Nur zum Sex oder Kinderzeugen? Oder nur, um den Frauen das Leben ein bisschen zu erleichtern oder zu verschönern?
Es wird von Männern (Machos) oft als Verweigerungshaltung

interpretiert, wenn emanzipierte Frauen auf Heiraten oder Hausfrauen-Dasein nicht so erpicht sind. In Wirklichkeit kann natürlich eine emanzipierte Frau einem Mann sehr viel mehr geben als ein schwaches Weibchen; und dies, ohne ihn dafür in die Pflicht zu nehmen. Aber damit haben Männer offenbar Schwierigkeiten. So unterstützen oder „beschützen" sie lieber eine schwache Frau (also eine, die sich hilflos gibt oder nicht allein leben kann) als eine starke und tüchtige Frau, die eigentlich eher Beistand oder Hilfe verdient hätte.

Wenn ein Mann eine schwache Frau braucht, um sich stark oder überlegen zu fühlen, ist er im Grunde selbst schwach. Denn ein wirklich starker Mann wird natürlich eine starke Partnerin bevorzugen.

Frauen, die lieber abhängig als unabhängig sind, erziehen natürlich auch ihre Kinder eher zu Abhängigkeit als zu Unabhängigkeit.

Wenn eine Frau ihrem 25-jährigen, studierenden Sohn noch die Wäsche wäscht, ist sie mit Sicherheit von niemandem dazu genötigt worden. Sie tut das, um den Sohn in Abhängigkeit zu halten: damit er wenigstens ab und zu noch nach Hause kommt und sie sich weiterhin unentbehrlich fühlen kann.

Durch eine simple und banale Tätigkeit wie Wäschewaschen möchte sie erreichen, als ein sich aufopfernder Mensch und wichtiger Stützpfeiler der Gesellschaft angesehen zu werden: diese lebensuntüchtigen Männer würden wahrscheinlich sterben, wenn Frauen nicht ihre Wäsche waschen würden!

Eine gute Mutter bereitet ihre Kinder auf Selbständigkeit und Unabhängigkeit vor; eine schlechte hält sie (aus purem Egoismus) in Abhängigkeit. Das heißt, eine gute Mutter würde ihrem Sohn zeigen, wie man eine Waschmaschine bedient oder ihm sagen, dass es Waschsalons gibt. Und ein normaler 20-Jähriger würde das innerhalb einer Minute kapieren und verblüfft sein, wie einfach das ist. Aber wenn Mutter sich geradezu aufdrängt, ihm seine Wäsche zu waschen, tut er ihr natürlich diesen Gefallen.

8. MACHT, OHNMACHT

Bietet man jungen Mädchen/Frauen verschiedene Begriffe an, wie z.B. Liebe, Freundschaft, Angst, Gewalt, Zivilcourage, Macht usw., um darüber ein Statement abzugeben, darüber zu diskutieren oder einen Aufsatz zu schreiben, werden mit auffallender Regelmäßigkeit die Begriffe „Zivilcourage" und „Macht" *nicht* gewählt. Nachfragen ergeben dann, dass z.b. „Macht" auch nicht direkt abgelehnt oder negativ bewertet wird, sondern einfach keine Bedeutung hat.

Im Gegensatz dazu hat „Macht" für Männer jeden Alters fast immer eine Bedeutung; allerdings mit unterschiedlicher Bewertung. Für die einen ist es etwas positives im Sinn von „Einfluss haben" oder „etwas bewirken können"; für andere klingt es eher negativ im Sinn von „Beherrschen" oder „Unterdrücken".

Also einmal eher als Gegenteil von „Ohnmacht", andererseits eher als „Machtmissbrauch".

Im Zusammenhang mit Geschlechterbeziehungen wird fast immer nur Männern Macht zugeschrieben und fast immer negativ bewertet: Männer-Herrschaft, Männer-Gewalt, patriarchalische Strukturen usw.

Es soll jetzt nicht darum gehen, wie es mal war oder wie es woanders ist, sondern um die Verhältnisse hier und heute. Und es bedarf wohl auch keiner Diskussion, dass jede Form von Unterdrückung oder Gewalt zu verabscheuen ist. Die Frage ist nur, ob sich die Machtverhältnisse wirklich so einseitig und einfach darstellen wie oft angenommen wird; oder ob nicht eher die Formen von Machtausübung und Machtmissbrauch bei Frauen und Männern unterschiedlich sind.

Macht hat etwas mit „machen" zu tun.
Da sind also einmal die „Macher" oder die, die in der Öffentlich-

keit stehen, im Rampenlicht, auf der Bühne (bisher überwiegend Männer). Und da sind diejenigen, die hinter den Kulissen wirken als Bühnenbildner, Beleuchter, Putzfrauen usw. (also überwiegend Frauen).
Und drittens sind da noch die Zuschauer und Kritiker.
Die Macher erhalten den Applaus und riskieren auch das Ausgepfiffenwerden. Die Arbeit hinter den Kulissen ist aber genauso wichtig; wobei nur hinter den Kulissen eines „richtigen" Theaters professioneller und präziser gearbeitet werden muss als im privaten Lebenstheater.
Und das alles geschieht für die Zuschauer. Im Theater sind es die zahlenden Zuschauer, aber auch im richtigen Leben inszenieren wir vieles für die Zuschauer, also für Menschen, deren Aufmerksamkeit und Anerkennung uns wichtig ist. Das heißt, dass nicht nur die Macher die Macht haben, sondern auch die hinter den Kulissen und vor allem auch die Zuschauer. Denn die Macher beeinflussen die Zuschauer nicht nur, sondern richten sich auch nach deren Wünschen und Bedürfnissen. Ohnmächtig und überflüssig ist eigentlich nur der Kritiker. Während andere die Eier legen oder ausbrüten bzw. verspeisen oder erbrechen, beschränkt er sich aufs Gackern.

Es gibt offene und direkte Formen der Machtausübung, indem jemand etwas bestimmt, entscheidet, in Bewegung setzt usw.
Und es gibt versteckte, indirekte Formen von Machtausübung: alle Formen der Manipulation; wo also die Absicht der Einflussnahme geleugnet oder verschleiert wird. Als Mittel zu indirekter Machtausübung eignen sich z.B. Liebesentzug oder das Einflößen von Schuldgefühlen (also eher eine weibliche Eigenschaft). Ähnlich ist es beim Machtmissbrauch. Die männlichen Formen sind meist offener und direkter. Schlägt z.B. ein Mann seine Frau, kann das sicher vielfältige Gründe haben; auf jeden Fall ist es ein Zeichen von Ohnmacht, Schwäche, Frustration.

Verweigert die Katholische Kirche Frauen den Zutritt zu wichtigen Ämtern (oder ist das Priesteramt gar nicht so wichtig?), ist das ebenfalls ein offener Machtmissbrauch; genauso wie die Botschaft: wenn du brav bist, kommst du in den Himmel, andernfalls in die Hölle.
Sagt eine Frau zu ihrem Kind: „Wenn du das nicht lässt, hat Mama dich nicht mehr lieb", ist das ein versteckter Machtmissbrauch; genauso wie das Einflößen von Schuldgefühlen: „Wenn du das nicht tust, bin ich sehr enttäuscht".

Was auf den ersten Blick wie ein Streit um einen Sachverhalt aussieht, entpuppt sich auf den zweiten Blick oft als Machtkampf. Man benutzt den Anlass (der manchmal sogar nichtig oder lächerlich ist), um einen Machtkampf auszufechten. Wobei der vermeintlich schwächere oder unterlegene Partner keineswegs der machtlosere sein muss. Denn das wirksamste Mittel, einen Machtkampf zu gewinnen, ist, sich zu widersetzen, den Gehorsam zu verweigern. Jeder, der mal versucht hat, z.B. ein Kind zu etwas zu zwingen, kennt dieses Gefühl von Ohnmacht.
„Du kannst dich auf den Kopf stellen, mich sogar bestrafen oder schlagen, aber zu nichts zwingen", denkt das Kind und weigert sich einfach, das Fahrrad wegzuräumen, sich endlich die Zähne zu putzen o.ä.
Vor lauter Wut rutscht einem am Ende vielleicht sogar die Hand aus. Und seltsamerweise nimmt das Kind die Ohrfeige relativ ungerührt hin, vielleicht sogar mit einem Triumphgefühl, wenn damit der Machtkampf gewonnen ist. Und wenn es dann noch merkt, dass die Mutter Schuldgefühle wegen der Ohrfeige hat, ist der Machtkampf doppelt gewonnen. Jeder Versuch also, einen anderen zu etwas zwingen zu wollen, muss also zwangsläufig scheitern.
Die Machtkämpfe zwischen Männern und Frauen können dabei die subtilsten Formen annehmen, besonders wenn Gefühle von

Unterlegenheit oder Überlegenheitsstreben stark ausgeprägt sind. Ein Partner, der sich unterlegen fühlt, wird schon einen harmlosen Wunsch als Befehl oder Zwang auffassen und zu verweigern versuchen. Ein Partner, dem Überlegenheit wichtig ist, wird auf Gehorsamsverweigerung empfindlich reagieren. Weitgehend ohne Machtkämpfe kommen nur Partner aus, die imstande sind, sich als gleichwertig zu betrachten und Respekt voreinander zu haben.

Nun gibt es leider sowas wie Ungleichheit im Sinne von Stärke und Schwäche. Wobei mit Stärke nicht Muskelkraft oder sonstige Potenz gemeint ist und mit Schwäche nicht Krankheit, Behinderung oder Gebrechlichkeit, sondern eben menschliche Stärke (Selbstbewusstsein, Fähigkeit zu Verständnis/Achtung, Hilfsbereitschaft, Großzügigkeit, Toleranz usw.) einerseits und menschliche Schwäche (extreme Ich-Bezogenheit, Kontaktschwierigkeiten, Faulheit, Feigheit usw.) andererseits.

In diesem Sinne ist Stärke bzw. Schwäche ein allgemein menschliches Problem und kein geschlechtsspezifisches. Obwohl wir instinktiv dazu neigen, den Schwächeren in Schutz zu nehmen, ihm Recht zu geben usw., heißt das aber gerade auch, dass der Schwächere nicht automatisch der bessere Mensch ist oder automatisch immer im Recht ist.

So kann es passieren, dass z.B. die große und vernünftige Schwester dem kleinen, niedlichen Bruder einen Tritt versetzt oder ähnliches. Empört bestrafen wir sie und trösten den Kleinen; wobei wir vielleicht übersehen, dass er sie schon eine Stunde lang gepiesackt oder provoziert hat oder mit seinen Ansprüchen überfordert hat.

Fazit wäre, dass Machtstreben kein typisch männliches Merkmal ist, dass Machtausüben nicht negativ sein muss (wenn es mit Verantwortung, Wohlwollen, Fürsorge verbunden ist) und dass man sich normalerweise gegen Zwang widersetzen kann.

Schlimm wird es nur, wenn die Möglichkeit, sich Zwang/Unterdrückung/Gewalt zu widersetzen oder dem zu entgehen, auch noch geraubt wird. Das wäre dann die schlimmste Missachtung und Verletzung der Menschenwürde; wenn z.B. ein gedemütigtes, misshandeltes oder vernachlässigtes Kind seinen Eltern nicht entrinnen kann, sondern sie sogar noch lieben muss (oder noch schlimmer: lieben will).
Ein unterdrückter oder misshandelter Erwachsener (so schrecklich das auch ist) kann und darf seinen Peiniger wenigstens hassen und hat somit die Chance, zumindest psychisch gesund zu bleiben.

Weil im Bereich der Sexualität Täuschungen so schwierig sind, spiegeln sich gerade hier Machtverhältnisse gut wieder.
Wir wissen inzwischen, dass die gängige Auffassung vom männlichen Eroberer nicht ganz stimmt, sondern dass es eigentlich die Frauen sind, die die Geschehnisse bestimmen, indem sie ihre Bereitschaft signalisieren oder eben auch nicht. Die Initiative überlassen sie dann aber lieber dem Mann und haben damit ein wichtiges Machtmittel in der Hand: sie können auf Annäherungsversuche eingehen oder sie auch zurückweisen. Selbstredend muss jede Frau (und auch jeder Mann) das Recht zu einem Nein haben. Problematisch wird es nur dann, wenn Frauen ihre Sexualität als Belohnung oder Bestrafung einsetzen, also wie ein Machtinstrument handhaben.

Menschen, die Macht besitzen, geben diese nicht freiwillig oder gern ab. Das ist ganz normal und verständlich.
Nur: wieviele Männer sitzen denn tatsächlich an Schaltstellen der Macht oder sind wichtige Entscheidungsträger? Der Bäcker, der Postbote, der Verwaltungs-Angestellte? Die große Masse also nicht.
Aber selbst wenn man das Augenmerk auf die Minderheit der

Führungspersönlichkeiten richtet: Männer ergreifen einfach die Macht oder nehmen sie sich. Die gleiche Chance haben Frauen auch. Nur erwarten Frauen, dass man ihnen Macht gibt, anbietet, zubilligt. Und gerade das kann eben - per Definition - nicht gelingen.

Der Feminismus ist männerfeindlich, aber nicht männerverachtend, denn Männer werden ja ungeheuer wichtig genommen, indem ihnen alle Macht und Verantwortung zugeschrieben wird. Sie sind Bösewichte im Sinne von Tyrannen, Herrschern und dergleichen (was Männern offenbar ganz gut gefällt).
Die scheinbare Frauenfreundlichkeit des Feminismus ist in Wahrheit Frauenverachtung und -entmündigung. Wenn Frauen suggeriert wird, dass sie keinerlei Eigenverantwortung haben, keinerlei Entscheidungsfreiheit oder Einfluss auf ihr Schicksal, sondern vollständig fremdbestimmt sind (von einer Männerwelt, von ihrer Sozialisation usw.), ist das schlichtweg frauenverachtend.

Real sind es (hier und heute) die Frauen, die alle Macht besitzen: die Männer benutzen und ausbeuten, um ein Leben nach ihren Vorstellungen zu führen.
Und Männer fallen darauf herein, weil sie süchtig nach Frauen (Familie) sind. Dafür rackern sie sich ab bis zum Herzinfarkt und ernten nur Undankbarkeit: Frauen, die immer mehr wollen und sich gleichzeitig immer mehr verweigern.

Opferhaltung aus Berechnung und Einflößen von Schuldgefühlen ist ein uralter Trick, um andere zu manipulieren und in Schach zu halten. Frauen haben sich darin zu Perfektionistinnen entwickelt, sodass Männer diesen Trick nicht bemerken.
Das weibliche Jammern und der Feminismus sind vorzüglich dazu geeignet, Männern Schuldgefühle einzuflößen und davon abzulenken, dass eigentlich sie die Ausgebeuteten sind und

vollständig im Dienst von Frauen stehen.
Frauen hätten es in der Hand, die Dinge zu ändern, indem sie Männer mit Sklaven-Mentalität nicht mehr akzeptieren würden. Aber das werden sie natürlich nicht tun. Denn es ist ja für sie sehr angenehm und bequem, Männer zu Sklaven zu machen (zu Arbeit und Verantwortung zu verpflichten) und Kinder zu Sklaven zu erziehen (Anhänglichkeit und Abhängigkeit zu fördern, statt Entfaltung zu ermöglichen).

Wenn Frauen mit Macht (im positiven Sinn von Einflussnahme und Verantwortung) nicht umgehen können, erklären sie Macht kurzerhand als etwas negatives und typisch männliches.
Genauso wie sie Lebenslust, Reichtum oder Schönheit verteufeln, wenn sie dies nicht besitzen. Stattdessen werden Bescheidenheit, Aufopferung und Armut zu höchsten Tugenden erklärt.
Sogar Vernunft oder klarer Verstand werden mitunter als männliche Unart verteufelt; dafür weibliche „Gefühlsbetontheit" ganz hoch bewertet.
Wenn Frauen sich auf eine Position von Ohnmacht zurückziehen, um dadurch Macht auszuüben, machen sie damit Männer auf heimtückische Weise zu Opfern.
Ein Starlet, das die Affäre mit einem Politiker outet (und ihn damit womöglich zu Fall bringt), betreibt Machtmissbrauch.
Ein Mann käme nie auf die Idee, aus verletztem Stolz oder aus Rachegelüsten einer Frau die Karriere dadurch zu verbauen, indem er ihr einen Seitensprung nachweist oder in ihrem Sexualleben herumschnüffelt.

9. PRIVATES, ÖFFENTLICHES

Der Privatbereich bietet uns einen Schonraum, der Geborgenheit und Sicherheit vermittelt, in dem wir uns fallen lassen können oder in dem Beziehungen zueinander wichtig sind.

Das Leben „draußen" bietet eine Fülle von Erfahrungsmöglichkeiten und Herausforderungen, auch Widrigkeiten und Härten.

Männern ist meist beides wichtig, wobei im Einzelfall das eine oder andere überwiegen kann. Frauen bevorzugen eher das Private und versuchen auch in öffentlichen Bereichen (Schulklasse, Arbeitsplatz) eine möglichst private Atmosphäre herzustellen. Das fängt schon damit an, dass sie gern überall sofort Gemütlichkeit schaffen wollen, aber auch in ihrem Kommunikationsstil und ihren Aktivitäten traditionell „weibliche", eher private Interessen verfolgen.

Bei öffentlichen oder gemischt-geschlechtlichen Veranstaltungen verstummen Frauen oft, halten sich lieber im Hintergrund oder beschränken sich darauf, für Erbsensuppe und Kuchen oder die Dekoration zu sorgen.

Sind es nun patriarchalische Strukturen, die Frauen in solche Rollen drängen? Oder wollen es die Frauen selbst so? Wer hält die Frauen davon ab, z.B. ans Rednerpult zu treten oder den Mund aufzumachen? Die Menschen, die einfach drauflosreden, wenn sie was zu sagen haben, gehen in der Regel davon aus, dass andere das genauso tun würden und könnten, wenn sie wollen; betrachten sie also als gleichberechtigt. Denn wenn sie sich überlegen vorkämen (wie z.B. ein Lehrer), würden sie nicht einfach drauflosreden, sondern den „Schwächeren" wohlwollend eine Pause einräumen oder sie um ihr Wort bitten.

Wenn Frauen also zögern, öffentlich Initiativen oder das Wort zu ergreifen, liegt das nicht automatisch an Unterdrückung seitens der Männer oder an weiblicher Bescheidenheit und Demut, sondern einfach daran, dass Frauen sich nicht trauen oder einfach nichts zu sagen haben.

Hält z.B. der Mann die Tischrede bei einer Festlichkeit, muss das nicht unbedingt heißen, dass die Frau ihm freiwillig den Vortritt überlassen hat, sondern kann auch heißen, dass die Frau entschieden hat, dass etwas schwierigere oder unangenehmere Aufgaben eben der Mann zu erledigen hat.

Die vielen Frauen-Gruppen, Frauenveranstaltungen, Bücherläden usw., die sich im Rahmen der Frauenbewegung überall etabliert haben, haben meist überhaupt keinen emanzipatorischen Wert, sondern verfestigen die traditionelle Frauenrolle nur. Da werden private Nischen etwas erweitert, die Kuschelecken ein klein wenig öffentlicher, aber ein echter Schritt in die Öffentlichkeit ist das nicht und auch kein Fortschritt. Selbsterfahrung, Körpererfahrung, Austausch von Persönlichem und Intimem ist ja alles nichts Neues für Mädchen und Frauen, sondern das, was sie schon immer taten und tun.

Welchen Sinn kann es haben, wenn Frauen sich zum hundertsten Mal über ihre Monatsblutung austauschen und nun zu dem Schluss kommen, dass das doch etwas sehr schönes und weibliches ist, das frau nicht hinter moderner Monatshygiene (eigentlich eine weibliche Diskriminierung) verstecken sollte, sondern bewusst genießen und vielleicht sogar zeigen sollte?

Echtes Selbstvertrauen oder Selbstbewusstsein schafft das jedenfalls nicht. Es ist eher eine typisch weibliche Vorgehensweise, ein Stück Selbstbewusstsein oder Sich-Wohlfühlen zu erlangen, ohne sich dabei anstrengen oder aktiv werden zu müssen.

Weibliche Betätigungen werden auch nicht dadurch interessanter oder spannender, indem sie ständig wiederholt, bestenfalls ein bisschen abgewandelt werden oder man ihnen einen feministischen oder emanzipatorischen Touch verpasst (statt über Schminke nun über Naturkosmetik spricht oder beim Basteln nun keine Schablonen mehr benutzt).

Wenn Menschen (besonders Frauen) sich hartnäckig dagegen sträuben, wirklich neue Erfahrungen zu machen oder auch mal eine Herausforderung anzunehmen oder ein Risiko einzugehen, können sie nicht das gleiche Selbstvertrauen gewinnen wie Menschen, die zu gewissen Wagnissen oder zur Übernahme von Verantwortung bereit sind. Denn beides gleichzeitig geht nun mal nicht: gewohnte Sicherheiten, geregelte Bahnen und Bequemlichkeit beibehalten zu wollen und trotzdem ein aufregendes und abenteuerliches Leben zu führen.
Nun verkümmern Männer, die sich ausschließlich in öffentlichen Bereichen (Beruf usw.) bewegen, in ähnlicher Weise wie Frauen, die sich ausschließlich in privaten Bereichen bewegen.

Viele Männer sind verunsichert, wenn sie merken, dass die Spielregeln des Berufs- oder Erwerbslebens sich nicht auf die Familie oder private Beziehungen übertragen lassen und reagieren dann hilflos oder einfach mit Rückzug, oft auch unangemessen. Ebenso kommen langjährige Hausfrauen mit den Spielregeln des Erwerbslebens oft nicht mehr klar bzw. sind damit überfordert.
Nun stellt sich aber die Frage, inwieweit ein Einzug in die Domäne des anderen überhaupt selbst erwünscht wird oder auch vom Partner gebilligt und unterstützt wird. Die Berufstätigkeit von Frauen stellt für die meisten Männer heutzutage kein Problem mehr dar. Der Rückzug von Männern ins Private (Nurhausmann) hingegen stößt meist auf heftigen weiblichen Widerstand: das findet frau nur bei fremden Männern toll, aber nicht beim eigenen Partner.
Eine andere Frage wäre auch, ob es wirklich wünschenswert

wäre, wenn traditionell weibliche (private) Interessen nun ganz und gar die Öffentlichkeit durchdringen, die Welt also weiblich würde.

Ist es tatsächlich so wichtig, die Schlafzimmer-Geschichten oder die Wohnungseinrichtung prominenter Persönlichkeiten zu kennen? Müssen in Konferenzen oder Aufsichtsratssitzungen unbedingt auch Gefühle geäußert werden? Muss jede Nachricht unterhaltsam aufgepeppt oder kurzweilig dargeboten werden, um betroffen zu machen?

Dass weibliches Verantwortungsbewusstsein oft vorgetäuscht oder zumindest begrenzt ist, zeigt sich an folgendem Beispiel: Wichtige Themen wie Umweltschutz haben Frauen begeistert aufgenommen, soweit sich dies auf den privaten Bereich beschränkt: mit Feuereifer sortieren Frauen ihren Müll, kaufen keine Spraydosen mehr und nur noch Bio-Klopapier. Das Anlegen eines Komposthaufens überlassen sie schon lieber einem Mann, und die Inbetriebnahme einer Kläranlage interessiert auch nicht mehr ernsthaft; Industrie und Auto sind dann endgültig Männersache.

Am liebsten würde die schwache Frau den Mann ganz und gar für ihre privaten Interessen einspannen. Dass er weggeht, um was nützliches zu tun und um Geld zu verdienen, akzeptiert sie natürlich, denn irgendjemand muss ja schließlich Häuser bauen, Brot backen, Blinddärme entfernen usw. und für ihren Lebensunterhalt sorgen.

Außerdem möchte sie ihn auch gar nicht unentwegt um sich haben. Aber in seiner Freizeit sollte er dann wenigstens ganz für ihre Belange da sein: am Frühstückstisch keine Zeitung lesen, nicht so oft im Hobbykeller sein und schon gar nicht allein weggehen wollen.

Da sie ihn durch allzuviel Klammern oder Häuslichkeit aber auch verjagen könnte, greift sie zu einem altbewährten Trick und entschließt sich, ihm die lange Leine zu lassen und gewisse Freiheiten einzuräumen.

Wenn eine Frau ihrem Mann großzügig gestattet, Samstagnachmittag ins Fußballstadion zu gehen (obwohl sie lieber hätte, dass er den Rasen mäht), tut sie das nicht, weil sie ihm das Fußballspiel von Herzen gönnt (wie er glaubt), sondern weil sie sich durch diese Taktik erhofft, ihn noch enger an sich zu binden.

10. STATUS, KONKURRENZ

Dass Männer ständig um ihren Status kämpfen und sich in einer Konkurrenzsituation befinden, ist nicht neu. Im Erwerbsleben ist das auch notwendig, geradezu lebensnotwendig, denn wer nicht tüchtig ist oder sich nicht behaupten kann, verliert womöglich seinen Job oder wird zumindest nicht befördert.

Aber auch privat konkurrieren Männer miteinander: da geht es um Macht, um sportliche Leistungen, um die Gunst einer Frau usw.

Warum aber konkurrieren Frauen miteinander? Und warum geben sie es nicht zu, sondern ersinnen die ausgeklügeltsten Methoden, um einander auszustechen oder zu übertreffen?

Dass Frauen nur mit Frauen konkurrieren, liegt auf der Hand: das Urteil anderer Frauen ist ihnen wesentlich wichtiger als der Vergleich mit Männern. So konkurriert die Sekretärin nicht mit ihrem Chef, sondern vorzugsweise mit anderen Sekretärinnen. Bei den Hausfrauen geht es nicht um Leistungsvergleiche, sondern darum, wer die schönere Wohnung hat, den erfolgreicheren Mann, die klügeren Kinder usw.

Die so oft demonstrierte Solidarität unter Frauen ist eine Täuschung. Da konkurrieren einmal die Hausfrauen und die berufstätigen Frauen miteinander, aber auch im gleichen Lager finden oft erbitterte Gefechte statt.

Während die Rivalität der Männer offen und aggressiv ist, tun Frauen es in versteckter Form oder leugnen es ab. So vermeiden Frauen auch gern offene Auseinandersetzungen, weil sie Kritik nicht vertragen und nicht angemessen äußern können oder auch Angst haben, sich unbeliebt zu machen. Stattdessen verlegen sie sich auf Intrigen und entwickeln sich dabei zu wahren Künstlerinnen. Was Mobbing am Arbeitsplatz betrifft, stehen also Frauen Männern bestimmt in nichts nach; privat sowieso nicht.

Wenn Frauen irgendwo zusammenkommen, taxieren sie sich gegenseitig verstohlen, aber mit ungeheurem Interesse: Was hat sie an? Wie gibt sie sich? Wie lebt sie wohl?
Das kommt bei Männern so nicht vor. Ebenso wie Männer nicht mit der gleichen Neugierde wie Frauen die Wohnungseinrichtung studieren, wenn sie irgendwo eingeladen sind.
Die Gegenstände für Konkurrenz oder auch Neid sind eben andere; beziehen sich bei Männern mehr auf Erfolg oder irgendwelche Abenteuer, bei Frauen eher auf Besitztümer.
Besonders heftig ist dabei die Konkurrenz zwischen Hausfrauen und Berufstätigen, was sicher damit zusammenhängt, dass menschlicher Wert in unserer Gesellschaft weitgehend über Leistung definiert wird. Da kämpfen die Hausfrauen vehement dafür, dass Hausarbeit und Kindererziehung als gleichwertig anerkannt wird oder sogar höher bewertet wird als Berufsarbeit; sind aber zu einem Rollentausch trotzdem nicht bereit. Warum nicht? Und der eigene Sohn soll auf keinen Fall ein Nurhausmann werden. Warum nicht, wenn das eine so überaus wichtige und wertvolle Arbeit ist?
Frauen neigen oft zu einer einfachen, aber unwirksamen Strategie: um ihren eigenen Wert zu erhöhen, setzen sie andere herab. Es ist eben einfacher und bequemer (typisch weiblich), andere herabzusetzen als sich selbst zu erhöhen (z.B. einfach stark oder selbständig zu *sein*).
So wird von nichtberufstätigen Frauen Berufstätigkeit oft abfällig bewertet: mal eben acht Stunden weggehen und ansonsten nur Freizeit. Während Berufstätige durchaus in der Lage sind, zu begreifen und anzuerkennen, dass Verantwortung für Kinder ein Dauerzustand ist (und nicht schlagartig beendet ist, wenn Kinder in der Schule oder sonstwo sind), ist die Hausfrau umgekehrt nicht fähig, Berufsarbeit und Verantwortung für den Lebensunterhalt als eine Dauerverantwortung anzuerkennen, die um 17 Uhr oder an Wochenenden keineswegs beendet ist.

Warum die permanenten, weiblichen Täuschungsmanöver?
Was wäre so schlimm daran, zuzugeben, eine Weile lang oder auch dauerhaft nicht arbeiten zu wollen und stattdessen lieber Hausarbeit zu verrichten und mit Kindern zusammen zu sein? Wozu die Bemühungen, Hausarbeit zu einer Wissenschaft oder einem Fulltime-Job zu erheben? Es ist und bleibt nun mal so, dass das Putzen/Waschen/Aufräumen zwar nötig ist, aber ansonsten eine ziemlich öde und anspruchslose Beschäftigung darstellt.
Gerade auch das vielzitierte Organisationstalent ist für die Nurhausfrau eben nicht typisch, denn diese läuft lieber zehnmal hin und her, statt einmal einen Plan zu machen oder nachzudenken.
Die Möglichkeit, einen richtigen Beruf erlernen zu können, der vollautomatisierte Haushalt, Ganztagsschulen usw., stellt für viele Frauen keinen Fortschritt dar, sondern eher eine Bedrohung.
Denn dann gibt es ja kein Alibi mehr dafür, dauerhaft nicht mehr zu arbeiten. Als Lösung bleibt dann nur noch ein drittes oder viertes Kind. Andernfalls würde die weibliche Bequemlichkeit und Arbeitsscheue allzu deutlich sichtbar werden.

Tatsächlich sind Frauen hier und heute nicht mehr benachteiligt, sondern haben gleiche Rechte, Pflichten, Chancen.
Natürlich gibt es Benachteiligungen, Ungerechtigkeiten, von denen Frauen betroffen sind (ebenso wie Männer), aber das hängt dann nicht mit dem Geschlecht zusammen.
Seltsam ist nur, dass Männer die Parolen der Frauenbewegung so widerspruchslos akzeptiert haben, oft sogar zugestimmt haben. Vermutlich weil es ihnen ganz gut gefällt, als Herrscher, Tyrannen usw. dargestellt zu werden. Und weil sie nicht merken - durch den Aufstand der Frauen erst recht nicht -, dass eigentlich sie die Ausgebeuteten sind, die sich ständig den Wünschen von Frauen unterordnen.

11. SPRACHE, AUSSEHEN

Was oben schon über „privat" und „öffentlich" gesagt wurde, trifft großenteils auch für die Sprechweise zu.
Die Sprache der Männer ist „öffentlicher": sachlich, oft abstrakt, statusorientiert.
Die Sprache der Frauen ist „privater": gefühlsbetont, konkret, beziehungsorientiert.
Männern geht es um die Sache, um Inhalte; sie wollen ein Problem lösen oder zu einer Entscheidung kommen. Indirekte Botschaften deuten sie eher als ein Status-Problem: will er/sie mich etwa kleinmachen? Erkennt er/sie meinen Status nicht an?
Frauen geht es oft gar nicht so sehr um die Sache, sondern sie wollen einfach nur reden, um Verbundenheit zu erleben. Sie bestätigen ihren Gesprächspartner und suchen selbst Bestätigung und haben ebenso ein sehr feines Ohr für Ablehnung oder mangelnde Zuwendung.
Selbstredend, dass sowohl Männer als auch Frauen Gespräche untereinander, also unter ihresgleichen, oft angenehmer und befriedigender finden.
Wenn ein Mann z.B. abstrakt, logisch und schlussfolgernd denkt und dies auch in seiner Sprechweise zum Ausdruck bringt, ist eine typisch weibliche Erwiderung: „Kannst du das nicht etwas konkreter sagen oder ein praktisches Beispiel nennen?" Niemand käme hier auf die Idee, der Frau einen tatsächlichen Mangel an Abstraktionsfähigkeit oder Intelligenz zu unterstellen. Sondern die weibliche Dummheit wird kurzerhand in etwas positives umgemünzt: die Frau ist eben „praktischer" und gefühlsbetonter.
Missverständnisse und Probleme entstehen, weil Gespräche in Wahrheit oft Status-Rangeleien/Machtkämpfe sind und die Antennen der Gesprächspartner anders programmiert sind. „Ich

will dir doch nur helfen", kann auch verstanden werden als „Ich fühle mich kompetenter, dir überlegen". „Wie fühlst du dich jetzt?" kann als echte Anteilnahme empfonden werden, aber auch als Bedrängung oder Eingriff in die Intimsphäre. Um die eigene Meinung gebeten zu werden, empfindet man positiv und als ein Zeichen von Interesse oder Respekt, sofern man auch eine eigene Meinung hat, andernfalls fühlt man sich bedrängt oder entlarvt.

Frauen neigen mehr als Männer zu indirekten Botschaften und wundern oder ärgern sich dann, wenn sie missverstanden werden. So sind Fragen oft keine echten Fragen, sondern werden nur gestellt, um Kontakt herzustellen. Oder die Frage ist in Wirklichkeit ein versteckter Befehl oder Vorwurf, oder sie dient dazu, den anderen bloßzustellen oder zu überführen.
Jedenfalls werden indirekte Formen der Gesprächsführung von Fachleuten, Psychologen und dergleichen negativ bewertet, weil sie die Verständigung erschweren, zu Missverständnissen führen. Und auch hier vollziehen Feministinnen wieder eine seltsame Gedankenakrobatik: „Indirekte Sprechweisen würden nur deshalb negativ bewertet, weil sie von Frauen bevorzugt werden". Dabei bevorzugen Frauen die indirekten Formen nicht deshalb, weil sie z.B. zu bescheiden sind, um eine direkte Forderung zu stellen, sondern weil ihnen die direkte Form zu riskant ist und sie z.B. Zurückweisung vermeiden wollen.

Im privaten Bereich sind es eher die Frauen, die reden oder reden wollen und Männer die Mundfaulen oder die Zuhörer. In größeren Gruppen oder in der Öffentlichkeit sind eher Männer die Redner und Frauen bilden die Zuhörerschaft.
Für Frauen bedeutet Zuhören etwas völlig anderes als für die Männer. Die Frau als Zuhörerin lässt häufig Signale von Bestätigung einfließen: Kopfnicken, ein Aha, usw. Sie will damit Ver-

bundenheit und Nähe ausdrücken („Ich versteh' dich"), wobei es passieren kann, dass sie an dem, was der andere sagt, überhaupt nicht interessiert ist, sondern nur froh über das Gespräch an sich ist. So glauben Männer oft, von Frauen verstanden zu werden, auch wenn frau gar nicht richtig zugehört hat.

Männer in der Zuhörer-Rolle verzichten auf die ständigen Feedbacks und veranlassen damit Frauen zu der Klage: „Er hört mir einfach nicht zu", obwohl das vielleicht gar nicht der Fall ist.

Männer und Frauen werden gleichermaßen zu schlechten Zuhörern, wenn sie sich für die Themen des anderen nicht interessieren oder aus eigener Schwäche heraus nur die eigenen Belange oder die eigene Selbstverteidigung oder Selbsterhöhung im Sinn haben.

Auch andere Kommunikationskiller wie Harmoniebedürfnis und Konfliktscheue sind sicher nicht geschlechtsspezifisch, sondern kommen bei Männern und Frauen gleichermaßen vor; und erschweren echte Auseinandersetzungen oder faires Streiten.

Wobei der selbstunsichere Partner immer auch der kontaktunfähigere ist. Wer z.B. in jeder Äußerung eines anderen eine Kritik wittert und jede Kritik sofort als eine Bedrohung seiner gesamten Person erlebt - und dann unangemessen reagiert: ausrastet, aggressiv wird oder auch schweigt und schmollt - fördert nicht gerade eine positive Verständigung.

Wenn eine Frau aufgrund geringen Selbstwertgefühls derartige soziale oder kommunikative Defizite zeigt (extreme Ich-Bezogenheit oder eben mit Kritik nicht umgehen können), wird ihr in der Regel aber nicht soziale Inkompetenz bescheinigt, sondern dann wird das mit „Verletzlichkeit" bemäntelt.

Was ist eigentlich so positiv und schön daran, „verletzlich" zu sein?

Selbst verletzt zu werden, tut weh. Andere zu verletzen, ist sicher keine Tugend. Der leicht verletzliche Mensch ist ja keineswegs der Sensiblere, im Gegenteil. Wenn das Selbstwertgefühl oder die Selbstachtung schon beim geringsten Anlass zusammenbrechen, bildet man Schutz- und Abwehrmechanismen zur Ich-Verteidigung oder Ich-Erhöhung, was nicht sensibler macht, sondern härter; und was Verständigung nur erschwert oder sogar verhindert.

Wenn eine Frau sich bei einer Veranstaltung oder in einer Gruppe nicht durchsetzen kann, sich kein Gehör verschaffen kann, heißt es sofort „nur weil sie eine Frau ist". Passiert einem Mann dasselbe, würde man nie sagen „nur weil er ein Mann ist", sondern dann liegt das eben daran, dass er zu leise gesprochen hat oder seine Argumente zu schwach waren.
Die gegenwärtig weit verbreitete Tendenz, jedes weibliche Unvermögen sofort in Geschlechtsdiskriminierung umzuinterpretieren, musste wohl erst so gründlich übertrieben werden, damit dieser Trick überhaupt auffiel und entlarvt werden konnte.

Unser extrem visuelles Zeitalter, in dem das äußere Erscheinungsbild, die äußere Wirkung und Ausstrahlung fast alles sind und sagen, ist vielleicht eine Folge des zunehmenden weiblichen Einflusses in öffentlichen Bereichen, kommt aber zumindest weiblichen Interessen mehr entgegen als männlichen. Denn Frauen achten mehr als Männer auf Äußerlichkeiten (Ausnahme: erotisch/sexuelle Signale).
Und wenn Frauen sich in extremer Weise dem Druck aussetzen, schön sein zu müssen (die Fitness-Welle und Schönheitschirurgie hat inzwischen allerdings auch die Männer erfasst), kann das nur heißen, dass sie Schönheit als ihr einziges und wichtigstes Kapital betrachten. Die geradezu zwanghafte Abhängigkeit vieler Frauen von Mode und Kosmetik ist zweifellos ein Zeichen mangelnden Selbstbewusstseins. Erst mit dem richtigen Make-up und der passenden Kleidung fühlt sie sich überhaupt erst als Mensch. Erst wenn jede Natürlichkeit (eigener

Körpergeruch, Haare an den Beinen usw.) beseitigt ist, fühlt sie sich wohl. Wobei die ganze weibliche Maskerade einzig und allein dazu dient, bewundernde und neidvolle Blicke ihrer Geschlechtsgenossinnen auf sich zu ziehen. Natürlich wollen Frauen auch Männern gefallen, aber dazu ist es nicht nötig, ein Jil Sander-Kostüm oder Hermès-Tuch zu tragen.
Männer scheinen sich da immer mehr den Frauen anzupassen. Obwohl sie sicher schon immer eitel waren, war bislang ein guter Body und ein gepflegtes Äußeres für einen Mann nicht so wichtig, weil Frauen eben meinten, dass es bei einem Mann nicht so darauf ankäme, sondern dass die „inneren Werte" (Geldbeutel, Zuverlässigkeit) mehr zählten. Da durfte also ein Mann ruhig Bauch und Glatze tragen, wenn er nur genug Geld oder Erfolg hatte. Heute muss er alles haben: Geld, gutes Aussehen und innere Werte.

Männer und Frauen setzen sich wohl gleichermaßen unter Druck, wenn sie den Idealen von Jugend/Schönheit/Erfolg, wie sie über die Medien vermittelt werden, nachzueifern versuchen.
So wird z.B. in der Fernsehwerbung die nette und adrette Hausfrau zunehmend abgelöst von der schwungvollen und durchgestylten Business-Frau. Trotzdem sind viele weibliche Gesten weiterhin darauf ausgerichtet, den männlichen Eroberer- oder Beschützerinstinkt zu wecken: der betörende Augenaufschlag, das verlegene Lächeln, die roten Lippen, der unsichere Gang in hohen Stöckelschuhen.
Die männlichen Idealbilder versuchen ebenfalls, alles gleichzeitig zu verkörpern. Der Marlboro-Mann, der nichts weiter als totale Freiheit und ein Pferd braucht (kein Deo und keine Versicherung), erfüllt nur Männerträume.
Der durch und durch solide und nette Familienpapi erfüllt nur Frauenträume. Also musste ein Mittelding her: ein muskulöser, männlich/verwegen aussehender Mann, der zärtlich einen Babypopo eincremt.

Seltsame Blüten treibt die unterschiedliche Betrachtung der Geschlechter, wenn Frauen in einflussreichen Positionen ständig genötigt werden (von Frauen ebenso wie von Männern), zusätzlich zu ihrer Kompetenz auch noch ihre „Weiblichkeit" unter Beweis stellen zu müssen. Was ist denn wahre Weiblichkeit? Sich zu schminken und chice Ohrringe anzulegen?
Niemand käme auf die Idee, z.B. zu einem Politiker zu sagen: „Toller Politiker! Und dabei auch noch so männlich geblieben, so sexy und väterlich!"
Sehr viele Frauen identifizieren sich zwar mit der feministischen Opferhaltung, wollen aber trotzdem nicht als Feministin gelten. Vermutlich wegen des Negativ-Images bezüglich der Äußerlichkeiten: Feministinnen sind entweder dick oder magersüchtig; sie tragen Schlabber-Look und Gesundheitssandalen, sind ungeschminkt, haben kurze oder strähnige Haare und zeigen ungeniert ihre Achselhaare.

12. TRENNUNG, SCHEIDUNG

Spätestens bei Ehescheidungen wird die weibliche Skrupellosigkeit endgültig entlarvt. Denn in dieser Situation braucht die schwache Frau ihr Profit- und Versorgungsdenken nicht mehr zu tarnen.
Die emotionalen Schlammschlachten sind ausgetragen, und es geht jetzt „nur" noch um Geld und Kinder. Das ganze Ehe- und Familienrecht ist weitgehend darauf ausgerichtet, den vermeintlich schwächeren Teil (die Frau) zu schützen und ihr Vorteile zu verschaffen. Dagegen wäre auch nichts einzuwenden, wenn nicht real dadurch der vermeintlich stärkere Teil (der Mann) ruiniert würde.
Bei Scheidungen sind Männer oft doppelt betrogen, während Frauen einen doppelten Gewinn ziehen.
Die Frau ist endlich den Mann los, der ihr lästig geworden ist, profitiert aber weiterhin von seinem Geld, indem sie Unterhalt bezieht oder gar hohe „Abfindungssummen" kassiert. Der Mann verliert meist die Kinder, an denen er hängt und muss obendrein noch zahlen; zudem leidet er an dem Verlust der Frau emotional mehr als umgekehrt.

Das typisch weibliche Ansinnen bei Scheidungen ist, die Kinder zu behalten und möglichst hohe Unterhaltszahlungen herauszuschlagen. Man stelle sich einmal vor, der Mann würde das gleiche Ansinnen an die Frau richten, was im Zeitalter der Gleichberechtigung eigentlich denkbar sein müsste: der Mann erklärt sich bereit, den Beruf aufzugeben oder nur noch halbtags zu arbeiten, um sich ganz den Kindern widmen zu können. Dies ermöglicht der Frau, voll berufstätig zu sein. Es wird also von ihr erwartet, in Zukunft allein für ihren Lebensunterhalt aufzukommen und zusätzlich Unterhaltszahlungen an Mann und Kinder zu leisten.

Ein solches Ansinnen würden die meisten Frauen entsetzt zurückweisen. Also das, was sie von dem Mann mit der allergrößten Selbstverständlichkeit erwarten (auf Kinder zu verzichten, zu arbeiten, Unterhaltszahlungen zu leisten), betrachten sie bei sich selbst als unerhörte Zumutung, etwas, was für sie überhaupt nicht infrage kommt.

Es ist keine Seltenheit, dass Frauen aus Berechnung heiraten (was liebevolles Verhalten nicht ausschließt, sondern eben die Gegenleistung darstellt) und durch die Ehe in Verhältnissen leben, die sie aus eigener Kraft nie finanzieren könnten.

Mit welchem Recht z.B. klagt eine Kosmetikerin, die einen Millionär geheiratet hat, bei der Scheidung das halbe Vermögen ein? Sie hat zur Bildung dieses Vermögens nichts beigetragen, sondern schon während der Ehe nur davon profitiert. Und nun muss der gehörnte Ehemann eine halbe Million hinlegen, damit seine Frau vielleicht mit einem neuen Lover abziehen kann. Während ihre „Leistung" während der Ehe (nämlich ihre Vagina zur Verfügung zu stellen) nun wegfällt, soll seine „Leistung" (Geld und Versorgung) weiterhin bestehen bleiben.

Aus solchen Gründen wünschen sich manche Männer bereits einen Ehevertrag, um notfalls (im Fall der Scheidung) wenigstens ihr Geld behalten zu können und finanziell nicht ruiniert zu werden. Eine Frau, die wirklich nur aus Liebe heiratet, betrachtet einen Ehevertrag als eine rein geschäftliche, also für sie unwichtige Angelegenheit, die sie locker hinnehmen kann.

Die meisten Frauen werden aber wegen solch eines Ansinnens fuchsteufelswild. Sie verstehen nicht, dass für den Mann Geld wichtig ist und Liebe wichtig ist, aber beides nichts miteinander zu tun hat; denn für sie haben ja Geld und Liebe sehr viel miteinander zu tun.

„Das heißt, du liebst mich nicht!" sagt sie und denkt: „Wenn er sein Geld im Scheidungsfall nicht mit mir teilen will, muss ich mir überlegen, ob sich diese Ehe für mich überhaupt lohnt."

Was alles nur heißen kann, dass Frauen ihre vermeintlich schwächere Position und ihre Opferhaltung nicht aufgeben werden, weil sie sich zu Weltmeisterinnen darin entwickelt haben, diese Situation zu ihrem Vorteil zu nutzen.

13. WEITERE TÄUSCHUNGSMANÖVER

Wenn hier von weiblicher Unehrlichkeit, Berechnung und Bequemlichkeit die Rede ist, muss das auch mal verstanden werden.
Denn eigentlich sind Berechnung und Bequemlichkeit ja ganz normale menschliche Eigenschaften und nicht unbedingt negativ zu bewerten. Wer tut schon ständig alles vollkommen uneigennützig? Selbst bei Wohltaten oder Hilfeleistungen haben wir oft einen Eigennutz (Dankbarkeit oder die eigene Großartigkeit) im Hinterkopf. Warum auch nicht? Das ist ganz normal und natürlich.
Der Knackpunkt ist nur wieder, dass Frauen es grundsätzlich nicht zugeben können, wenn sie berechnend oder eigennützig handeln. Sie wollen immer und absolut als selbstlos, edel, hilfreich und gut angesehen werden. Frauen haben eben keine negativen Eigenschaften, basta.
Ebenso ist es mit der weiblichen Bequemlichkeit. Eine Frau würde niemals zugeben, aus Bequemlichkeit dem Mann das Geldverdienen zu überlassen oder das Ausfüllen der Steuererklärung oder die Reparatur des Autos usw. Derartige Motive werden geschickt getarnt. Sicher neigen Männer genauso zu Bequemlichkeit, nur in anderen Bereichen und sie tarnen sie nicht. So zeigen Männer ganz offen, dass sie am Feierabend oder an Wochenenden keine Lust mehr haben, auch noch großartig Hausarbeit zu leisten. Sondern sie fläzen sich mit einem Bier vor den Fernseher oder verziehen sich in den Hobby-Keller, an den PC oder sonstwohin.
Der Unterschied ist, dass derartige männliche „Bequemlichkeit" von Frauen streng missbilligt, allenfalls schweren Herzens toleriert wird. Die weibliche Bequemlichkeit hingegen kann nicht missbilligt oder kritisiert werden, weil sie eben versteckt oder getarnt ist.

Frauen geben sich gern bescheiden, anspruchslos, opferbereit und wirken dann auch so; sind aber im Grunde ihrer Seele unersättlich und maßlos in ihren Ansprüchen. Sie wollen z.B. nicht nur Versorgung und Sicherheit, sondern obendrein auch noch das Sagen haben. Oder sie wollen keine Verantwortung tragen, aber trotzdem höchste Wertschätzung genießen. Sie fordern unentwegt *mehr* Verständnis, *mehr* Anerkennung, *mehr* Hilfsbereitschaft.

Das wird dann problematisch, wenn die Fähigkeit, all dies selbst zu geben/zu erbringen, nicht vorhanden ist.

Frauen geben das, was sie haben, aber nicht unbedingt das, was der Partner oder andere brauchen. Und sie wollen nicht das, was der Partner geben kann, sondern das, was sie selbst brauchen.

In den populären (und etwas niveaulosen) Talkshows der privaten Sender, die angeblich das wahre Leben widerspiegeln und in denen es meist um Sex oder Beziehungsprobleme geht, sitzen oft junge Frauen, die lauthals Männer beschimpfen und diffamieren und dafür johlenden Beifall erhalten - und daraufhin mit ihren Geringschätzigkeiten und Forderungen immer lauter und dreister werden. Die Männer sitzen sprachlos da oder nikken ergeben mit dem Kopf; manch einer entwickelt vielleicht auch heimliche Aggressionen und schlägt im nächsten Suff dann zu, sofern er nicht gelernt hat, Frustration und Rachegefühle angemessen zu äußern.

Ist das die Realität oder das Ideal der Geschlechterbeziehung? In solchen „Gesprächen" und überhaupt in Frauengesprächen entsteht mitunter der Eindruck, als sei das einzige noch ungelöste Problem der Menschheit, dass Männer sich nicht genug an Hausarbeit und Windelnwechseln beteiligen.

Die typischsten weiblichen Täuschungsmanöver:

* Ich liebe dich und will dir immer treu sein.
  Klartext: Irgendeine Gegenleistung muss ich ja wohl erbringen, wenn er lebenslang für mich sorgen soll.

* Ich möchte mich bei einem Mann geborgen und beschützt fühlen.
  Klartext: Die schwierigen und unangenehmen Dinge des Lebens muss er mir schon abnehmen.

* Ich halte ihm den Rücken frei.
  Klartext: Ich sorge dafür, dass das Wichtigste, also seine Arbeitskraft und damit die Sicherung meines Lebensunterhalts, erhalten bleibt.

* Ich bekomme Kinder, um Verantwortung zu übernehmen und um die Renten der nächsten Generation zu sichern.
  Klartext: Ich wollte Kinder, um die Geborgenheit einer Familie zu haben, um selbst versorgt zu sein und um im Alter nicht allein zu sein.

* Du liebst mich eben nicht (mehr).
  Klartext: Ich wünsche mir mehr Verständnis und Zuwendung von dir.

* Ich habe Kopfschmerzen/Migräne.
  Klartext: Ich habe heute keine Lust, mit dir zu schlafen.

* Das überlass ich lieber dir.
  Klartext: Ich entscheide, dass du das machst und wehe, du machst es nicht gut.

* Ich bin technisch leider völlig unbegabt.
  Klartext: Gebrauchsanweisungen durchzulesen, ist mir zu mühsam.

* Frauen sind in unserer Gesellschaft benachteiligt.
Klartext: Universalerklärung für alles, was ich nicht schaffe oder nicht erreiche.

Was Frauen mit ihren Täuschungsmanövern bezwecken, ist also klar: sie wollen, dass andere (Männer) im Sinn ihrer Interessen funktionieren, und sie wollen um jeden Preis als gut und unschuldig angesehen werden.

Und sie wählen dazu die einfachsten Mittel; also solche, die keinen eigenen Einsatz oder keine eigene Anstrengung erfordern:

Klagen und Fordern ist eben einfacher und bequemer, als ein klares Ziel zu formulieren und dies auch anzustreben.

Andere anzuprangern und verantwortlich zu machen, ist einfacher und bequemer, als die Dinge selbst in die Hand zu nehmen.

14. LIEBE

Obwohl die schwache Frau mehr oder weniger alles erreicht und bekommt, was sie will, bleibt ihr doch etwas wesentliches versagt: nämlich echtes Selbstbewusstsein/Selbstvertrauen und wahre Liebesfähigkeit.
Manchmal merkt sie, dass andere Frauen oder Kinder (denn mit Männern vergleicht sie sich ja nicht) dies haben oder dazu fähig sind. Und weil das ein bisschen schmerzt und neidisch macht, verdoppelt sie ihre Bemühungen, liebenswert zu sein und ihre Forderungen, geliebt zu werden. Aber zu lieben schafft sie nicht, sondern verwechselt Liebe weiterhin mit Sentimentalität, Anhänglichkeit, Besitzansprüchen oder Verschmelzung. Was die schwache Frau am meisten interessiert - die Liebe - bleibt ihr das Fremdeste; was übrigens für den schwachen Mann genauso gilt. Sie verschlingt Filme und Literatur über die Liebe, bleibt aber selbst liebesunfähig.
Nun ist das Wissen, das Gefühl oder die Vorstellung darüber, was „wahre" Liebe ist, sicher sehr subjektiv und vielfältig. Fest steht nur, dass jeder Mensch sich danach sehnt und dass wir gerade auf diesem Gebiet am häufigsten Schiffbruch erleiden. Die wichtigste Voraussetzung für Liebesfähigkeit ist wahrscheinlich, selbst irgendwann einmal geliebt worden zu sein. Wenn es nicht die allumfassende und beständige Liebe der Eltern war, dann vielleicht die gelegentliche Liebe des Opas, einer Tante, eines Lehrers, einer Nachbarin.

Bei der zweiten Voraussetzung, der Selbstliebe, wird es schon heikler, denn allzu oft fehlt diese Selbstliebe und verhindert das Geben und Nehmen von Liebe. Wer sich hässlich, unbedeutend, minderwertig, eben nicht liebenswert fühlt, kann Liebe unmöglich annehmen oder auch geben. Ein „ich liebe dich" wird

dann misstrauisch als Lüge oder Mitleidsgeste aufgefasst, und umgekehrt ist es ebenso: Was kann die Liebe eines wertlosen Menschen schon wert sein?
Oder wir bleiben in kindlichen oder pubertären Sehnsüchten, Wünschen, Ängsten stecken.
Jeder Erwachsene erinnert sich an seinen ersten oder zweiten Liebeskummer und weiß jetzt - sofern er eine gewisse emotionale Reife erlangt hat - dass das damals eigentlich keine wirkliche Liebe war.
Gelitten haben wir „nur", weil diese einmaligen, großartigen und uneigennützigen Gefühle von Sehnsucht und Hingabe nicht entsprechend erwidert wurden. Oder wir haben einen unerreichbaren Menschen, einen Filmstar o.ä. zum Liebesobjekt gemacht, zum Gott erhoben, angebetet und bewundert. Würden wir das heute und real genauso machen, würde der Angebetete (oder die Angebetete) über kurz oder lang überfordert sein und weggehen.
Eine ähnliche Tendenz besteht auch bei vielen Erwachsenen, besonders bei schwachen Frauen (aber auch Männern): fehlt das Bewusstsein einer eigenen, klaren Identität, also echtes Selbst-Bewusstsein, entsteht die Erwartung, ein anderer könnte und sollte das vermitteln, was aber unmöglich gelingen kann. So jagen gerade schwache Menschen der Liebe (oder romantischen Vorstellungen davon) geradezu hinterher, was aber paradoxerweise das Erreichen von Glück oder Liebe nur verhindert.
Die Medien und die Werbung hämmern uns unentwegt ein, womit man Glück und Liebe erreichen kann: durch eine chice Wohnung, durch das richtige Outfit, durch mega-weiße und kuschelweiche Wäsche ... So inszenieren wir ein Rendezvous, ein Gartenfest oder das Weihnachtsfest genauso wie wir es im Fernsehen oder in den Schaufenstern sehen, das heißt, wir leben von Illusionen anstatt in der Realität. Und an Heiligabend sitzt die

Hausfrau nur noch erschöpft da, und auch alle anderen (außer den Kindern) sind ziemlich gestresst: die Vorbereitungen und die Vorfreude waren das Wesentliche, denn nun tritt die große Ruhe, Harmonie und Feierlichkeit gar nicht ein, weil *dazu* die Erlebnisfähigkeit fehlt. Erst die späteren Fotos geben wieder das Gefühl, wie schön doch Weihnachten ist.
Es wird also immer nur in zukünftigem oder vergangenem Glück geschwelgt, aber die Gegenwart nie gelebt oder ausgekostet.

Die unbewußte Vorstellung, jede menschliche Beziehung, also auch jede Liebesbeziehung, als eine Art Tauschgeschäft zu betrachten, tötet ebenfalls jede Liebesfähigkeit ab. Jeder will möglichst viel, am besten alles vom anderen und sieht nur fairerweise ein, dass das ohne gewisse Gegenleistungen nicht geht; wobei die Beziehungen, in denen Geben und Nehmen ausgewogen sind, noch die besten sind.
Wir alle sind also durch allerlei Umstände in unserer Liebesfähigkeit beeinträchtigt. Neu ist wohl nur der Gedanke, dass ausgerechnet Frauen (schwache Frauen) die liebesunfähigsten sind. Sie müssen deshalb keine schlechten Frauen, Mütter, Kolleginnen usw. sein, aber ihnen entgeht doch etwas Wesentliches.

Was ist es nun, was der schwachen Frau fehlt bzw. den liebesfähigen Menschen (Mann oder Frau) ausmacht?
Der schwachen Frau fehlt zunächst ein gesundes und stabiles Selbstbewusstsein, die wichtigste Voraussetzung für die Liebe. Der liebesfähige Mensch ist mit sich selbst und seinen Lebensumständen im Großen und Ganzen zufrieden und daher in der Lage, andere so sein zu lassen wie sie sind, sie wirklich zu verstehen, zu achten und zu unterstützen.
Die schwache Frau hat sich angewöhnt, dass andere in ihrem Sinn oder zu ihrem Nutzen zu funktionieren haben. Nur ein Baby oder Kleinkind (sonst niemand) kann vorübergehend einen Strich

durch die Rechnung machen. Denn erstens funktioniert das Baby nicht immer erwartungsgemäß und manchmal erweckt es auch - außer dem instinktiven Bedürfnis, es zu nähren und zu schützen - durch seine ungeheure Vitalität und Ehrlichkeit und sein grenzenloses Vertrauen echte Liebesgefühle. Aber meist schafft die schwache Frau es dann doch, das etwas ältere Kind in ihre Gefühlswelt zu locken: die gerade kurz aufkeimende Liebe erlischt wieder, obwohl sie das Kind weiterhin vorbildlich versorgt, beschützt usw. Aber sie tut sich z.B. schwer damit, Eigenständigkeit, Mut, Selbstvertrauen, Kreativität zu unterstützen, sondern unterdrückt dies eher.

Dem liebesfähigen Menschen ist die Loslösung von den Eltern gelungen: er „braucht" sie nicht mehr und kann sie daher doppelt und wirklich lieben; er sucht im Partner keinen Mutter- oder Vaterersatz und nimmt auch selbst keine mütterliche oder väterliche Rolle ein. Er gibt etwas, nicht um Dankbarkeit oder sonstigen Nutzen zu erhalten, sondern weil es ihm Freude macht und er einen anderen erfreuen möchte. Er hilft, nicht um seine eigenen Qualitäten zu beweisen oder um als guter Mensch zu gelten, sondern um jemandem wirklich aus der Patsche zu helfen, oder weil er wirklich das Beste für einen anderen möchte.

Er freut sich über Beachtung, Anerkennung, Lob, aber er ist nicht darauf angewiesen; deshalb geht er auch nicht auf Bestätigungssuche und gibt auch anderen nur dann Anerkennung, wenn er es wirklich so meint (und nicht aus irgendwelchen pädagogischen oder eigennützigen Gründen).

Er kann Kritik aushalten, ohne gleich zusammenzubrechen oder sich in seiner gesamten Person bedroht zu fühlen: unberechtigte oder gehässige Kritik prallt an ihm ab, berechtigte nimmt er zur Kenntnis und lernt daraus.

Dem liebesfähigen Menschen geht das Herz auf angesichts einer Landschaft, eines Regenbogens, eines Gedichtes usw., während der liebesunfähige dazu nicht in der Lage ist, sondern

er betrachtet z.B. die Landschaft, um ein gutes Motiv zum Fotografieren zu haben oder die Blumen, um einen Strauß zu pflücken.
Er verzichtet auf Klagen und nimmt die Dinge, die er nicht ändern kann, eben hin und ändert die Dinge, die er ändern kann.
Er unterstützt und ermutigt andere, wenn sie selbständig sind, sich frei entfalten, selbst Entscheidungen treffen können; bei Hilflosigkeit, Mutlosigkeit, Abhängigkeit leistet er Beistand, aber billigt oder unterstützt solches Verhalten nicht.
Er lässt sich nicht durch Schuldgefühle manipulieren und flößt auch anderen keine Schuldgefühle ein.
Eifersucht ist ihm relativ fremd, denn er hat ja ein stabiles Selbstwertgefühl und betrachtet andere nicht als sein Eigentum oder Besitz. Er hat keine Sklaven-Mentalität und wünscht sich das auch nicht für andere.
Kurzum: der liebesfähige Mensch ist eigenständig, tolerant, großzügig, verständnisvoll und hilfsbereit; er ist ehrlich obendrein, denn er muss sich ja nicht dauernd schützen, verteidigen oder erhöhen. Deshalb erfährt er - paradoxerweise - viel mehr Anerkennung und Liebe als der schwache, unechte oder mutlose Mensch.

15. FEMINISMUS

Die inzwischen (fast) gestorbene Frauenbewegung hatte nie eine wirkliche Bedeutung und hat auch keine wesentlichen oder positiven Veränderungen bewirkt.
Der Aufwand, den Feministinnen betrieben haben, steht in keinem Verhältnis zu dem, was sie erreicht haben oder erreichen konnten. Der Aufwand war ein einziges großes und endloses Klagen und Fordern; und zwar in allen Variationen und mit den verschiedensten Methoden.
Konkretes Resultat ist, dass die Berufstätigkeit von Frauen selbstverständlicher geworden ist und dass der § 218 aufgehoben wurde. Ansonsten hat sich nichts wesentliches verändert.
Die feministische Ideologie hat sich sehr schnell verselbständigt: das heißt, es ging/geht nicht mehr um konkrete Sachfragen oder Veränderungen (um welche auch?), sondern es geht nur noch darum, weiterhin den psychologischen Gewinn aus der weiblichen Opferhaltung zu ziehen.
Obwohl inzwischen sogar einige Feministinnen die weibliche Opferhaltung für bedenklich oder sogar falsch halten, ist dies doch das einzige, was die Frauenbewegung tatsächlich bewirkt hat und was von ihr übrig geblieben ist: nämlich die weibliche Opferhaltung noch tiefer zu verwurzeln und noch mehr auszuschlachten. Selbst Frauen, die sich ansonsten nicht mit dem Feminismus identifizieren, greifen diese Haltung gern und lustvoll auf. Wenn Frauen sich *nicht* mehr als Opfer fühlen, wozu ist der Feminismus dann noch gut? Eine Frau, die mit ihrer Lebenssituation (egal welcher) zufrieden ist und die eigenverantwortlich denken und handeln kann, hat keinen Grund, zu klagen und zu fordern - und meist auch Wichtigeres zu tun.

Frauen (Feministinnen) neigen in extremer Weise zu einseiti-

gen und subjektiven Sichtweisen: alles, was nicht in das eigene Weltbild oder Menschenbild passt, wird einfach übersehen oder auch mit kühner und teils haarsträubender Gedankenakrobatik so umgemodelt, dass es eben hineinpasst:
Frauen sind immer gut, immer unschuldig, immer die Opfer.
Männer sind immer schlecht, immer schuldig, immer die Täter.
Was haben Frauen (und auch Männer) von der weiblichen Opferhaltung, und welchen Preis zahlen sie dafür?
Wenn Frauen alles Männliche als schlecht darstellen, ist das eine bequeme Methode, sich selbst gut zu fühlen (friedliebend, sanft, gütig, gefühlvoll, naturverbunden usw.). Und Frauen wollen nun mal um jeden Preis die besseren Menschen sein.
Männer als schlecht und böse darzustellen, entbindet auch von der Mühe, sich mit ihnen wirklich auseinanderzusetzen. Und manch eine Frau tröstet sich damit vielleicht auch über die Tatsache hinweg, noch nie die Liebe eines Mannes erfahren zu haben.
Wenn Frauen grundsätzlich Männer als Täter (Schuldige) betrachten, ist das eine bequeme Methode, jede Verantwortung abzugeben.
Opfer sind nun mal - logisch - immer unschuldig und gut.
(Es geht hier nicht um wirkliche Opfer, sondern um den selbstgewählten Opferstatus!)
Der Preis ist die Selbstentmündigung. Für nichts verantwortlich zu sein, nie Schuld zu haben, bedeutet auch, unwichtig und unbedeutend zu sein. Das heißt, echtes Selbstbewusstsein wird auf diese Weise geradezu untergraben und verhindert. Das manchmal kämpferische Auftreten von Frauen hat ja mit Emanzipation oder Selbstbewusstsein nichts zu tun. Denn wer wirklich stark und selbstbewusst ist (oder es ernsthaft werden möchte), hat es nicht nötig, andere anzuprangern oder zu diffamieren, um sich selbst zu erhöhen oder wichtig vorzukommen.
Frauen müssten sich darüber klarwerden, dass Schwäche und

Bedürftigkeit bei einem gesunden und erwachsenen Menschen (wenn also selbst gewählt) kein Verdienst ist, sondern nur belastend für andere.
Wirklich Benachteiligte (Kranke, Behinderte, Alte, Gebrechliche usw.) haben oft sehr viel innere Stärke und können dadurch auch sehr viel geben. Viel mehr als z.b. gesunde, erwachsene Menschen, die den Opferstatus nur wählen, um bedient, versorgt zu werden oder sonstige Vorteile zu behalten oder zu erzielen.

Welchen Vorteil oder Gewinn haben Männer durch die weibliche Opferhaltung?
Sie fühlen sich überlegen, wenn Frauen darüber jammern, unterlegen zu sein.
Und sie finden es schön, als die Macher und Täter (Tuende) zu gelten. Den Preis - nämlich von Frauen gelegentlich als Machos oder Versager beschimpft zu werden - nehmen sie gern inkauf.
Wie wäre es sonst zu erklären, dass so viele Männer die feministischen Thesen so widerspruchslos akzeptieren oder sogar unterstützen? Sie fühlen sich eben dadurch geschmeichelt, dass Frauen Männer so idealisieren: sie so ungeheuer wichtig nehmen, als so stark und mächtig erleben und dafür beneiden.
Ein richtiger Mann könnte nie ein Feminist sein. Denn wer stark genug ist, eine Frau ernst zu nehmen, würde sich gegen den weiblichen Protest wehren, anstatt sich dadurch geschmeichelt zu fühlen.

Durch die Frauenbewegung ist niemand zufriedener, selbstbewusster, stärker oder friedlicher geworden. Es ist eher ein Klima von Frustration und Feindseligkeit entstanden.

* Die Nurhausfrauen haben noch mehr Komplexe als früher und sind ständig nur in einer Verteidigungs- und Rechtfertigungshaltung: wie wichtig und bedeutsam doch die Haus-

arbeit ist; dass auch große oder erwachsene Kinder noch Arbeit bedeuten.

* Die sogenannten Karrierefrauen, die eigentlich alles erreicht haben, was sie ursprünglich forderten, fallen oft ebenfalls in die Opferhaltung zurück: dieser Arbeitsstress, diese Doppelbelastung! Sie haben erfahren, dass die Arbeitswelt nicht nur Zuckerschlecken ist, sondern auch mit Härten verbunden ist. Hier wird nur die Suche nach Schuldigen/Verantwortlichen schwieriger. Wenn für eine Misere nicht mehr andere (die Männer, die Gesellschaft) verantwortlich gemacht werden können, wer dann? Womöglich die Frauenbewegung? Womöglich frau selbst?

* Frauen, die beides haben (Beruf und Familie) klagen über Doppelbelastung. Frauen, die halb Hausfrau/Mutter sind (weil der Partner sich zur Hälfte beteiligt) und halb berufstätig (also nicht kontinuierlich lebenslang oder Teilzeit-Job) klagen darüber, dass sie von keiner Situation den ganzen Vorteil haben: sie haben nicht die Bequemlichkeit der Nurhausfrau, mit dem Geldverdienen nichts zu tun zu haben; und sie haben nicht den Vorteil der Voll-Berufstätigen, unabhängig zu sein und auf keinen Partner angewiesen zu sein (auch keine entsprechende Altersversorgung).

* Alleinerziehende (überwiegend Frauen) geraten wegen Armut oft ins soziale Abseits. Oder sie haben, wenn sie allzulange Sozialhilfe-Empfängerinnen waren, mit beruflicher Aus- und Weiterbildung nicht mehr viel im Sinn.
Alleinerziehenden Vätern gelingt die Vereinbarkeit von Beruf und Kind in der Regel besser.

* Männer sind in ihrer Rolle verunsichert. Erst wurden sie als

Machos beschimpft, dann als Softies belächelt. Sie sollen zwar weiterhin das Geld verdienen und Verantwortung tragen, aber nicht mehr das Sagen haben, sondern sich stattdessen mehr an Hausarbeit und Kindererziehung beteiligen. Viele reagieren auf das weibliche Klagen und Fordern mit Hilflosigkeit, Rückzug oder auch Aggression. Kaum ein Mann traut sich noch, Mann zu sein, das heißt, zu seinen eigenen Gefühlen und Bedürfnissen zu stehen oder klar Stellung zu nehmen.

* Tatsächlich emanzipierte Menschen - die für ihren Lebensunterhalt, für ihren Haushalt und ihre Lebensgestaltung allein sorgen können - erhalten seltsamerweise kaum soziale Anerkennung oder private Unterstützung, sondern ernten eher Neid und Missgunst. Da wird Selbstverwirklichung plötzlich negativ bewertet und mit Egoismus gleichgesetzt. Wer sich anstrengt, etwas schafft oder sogar Erfolg hat, wird ignoriert, beneidet und ausgenutzt. Wer sich nicht anstrengt und versagt, bekommt alle erdenkliche Zuwendung und Hilfe.

Das ursprüngliche feministische Anliegen, Frauen nicht länger zum Heimchen am Herd zu verdammen und aus der finanziellen Abhängigkeit vom Mann zu befreien, griff nicht mehr, als sich herausstellte, dass Frauen diese Rolle freiwillig wählen; also weder durch Männer noch durch irgendwelche wirtschaftlichen oder sozialen Umstände dazu gezwungen werden.
Übrig geblieben ist nur die Forderung, dass Frauen eben die Wahl haben müssten zwischen Hausfrau/Mutter und Beruf und dass man (!) ihnen ermöglichen muss, beides zu vereinbaren.

Männern wird diese Wahlfreiheit allerdings nicht zugebilligt: ein Mann *muss* Karriere machen und Geld verdienen. Dass die Rolle des Nurhausmannes gesellschaftlich nicht anerkannt wird, liegt allein an den Frauen, die eindeutig einen Karrieremann einem Hausmann vorziehen.

Frauen kämen nie auf die Idee, Männern die Bedingungen dafür zu schaffen, Beruf und Familie optimal zu vereinbaren. Sie haben die tiefverwurzelte Einstellung, irgendwie bedient werden zu wollen: andere (Männer, Gesetze usw.) sollen ihnen Rechte, Privilegien, Sicherheit, Bequemlichkeit verschaffen.

Die Erkenntnis, dass man sowas nicht geschenkt bekommt, sondern sich verdienen muss, ist Frauen gänzlich fremd. Das heißt, sie wollen gar keine wirkliche Veränderung, weil die Opferhaltung bequemer ist.

Wenn eine Frau wie ein erwachsener und gleichberechtigter Mensch denkt und sich so verhält, dann *ist* sie auch gleichberechtigt. Andernfalls eben nicht.

Wenn eine Frau irgendeine Verantwortung übernimmt, *hat* sie auch Verantwortung. Andernfalls eben nicht.

Wenn eine Frau den Mund aufmacht, wird sie auch erhört. Andernfalls eben nicht.

Aus dem Opferstatus lässt sich nun mal keine Identität, innere Stärke oder Selbst-Bewusstsein ziehen.

Als Feministinnen noch lautstark für Frauen gleiche Rechte und Chancen einforderten, war das zumindest logisch noch nachvollziehbar.

Inzwischen *haben* Frauen gleiche Rechte und Chancen (zumindest hier und heute).

Es geht jetzt nur noch um die peinliche Erkenntnis, dass viele Frauen diese Rechte und Chancen nicht ergreifen; und darum, wieder irgendwelche Schuldigen zu finden.

Wenn Männer als Schuldige nicht mehr infrage kommen, müssen eben nebulöse Erklärungen wie „patriarchalische Strukturen" oder „Sozialisation" herhalten.

Es gibt wohl keine Menschengruppe auf der ganzen Welt, der es besser geht als europäischen oder amerikanischen Mittelschicht-Frauen.

Sie haben vergleichsweise alles: Wohlstand, Sicherheit, Demokratie/ Selbstbestimmung, Bildungschancen usw. Dass ausgerechnet diese Menschengruppe am lautesten ihre Benachteiligung bejammert und unentwegt nur Forderungen stellt, ist irgendwie bezeichnend. Das heißt, die feministische Haltung gleicht der eines verwöhnten und egoistischen Kindes, das immer noch mehr will und nur an sich selbst denkt.

Jeder human denkende Mensch wird mit wirklich Schwachen oder Bedürftigen Mitgefühl/Mitleid haben und mit Hilfsbereitschaft reagieren.

Wenn aber gesunde, satte und erwachsene Menschen eine Haltung von Schwäche/Bedürftigkeit nur deshalb wählen, um andere zu manipulieren oder damit Vorteile, Privilegien und Bequemlichkeit zu erlangen, ist das eine neurotische Reaktion, die nicht noch verstärkt werden sollte.

16. MÄNNER ALS OPFER

Frauen behandeln Männer so, wie es ihnen gerade passt - und nicht wie Menschen, die Verständnis, Achtung oder gar Liebe verdient hätten. Dadurch, dass sie sich moralisch überlegen fühlen und als die besseren Menschen deklarieren, missachten und erniedrigen sie die Männer. Und sie tun das so geschickt, dass Männer es nicht merken und tatsächlich glauben, Frauen seien göttlich, durch und durch gut und liebenswert.

Frauen fühlen sich ja nicht *wirklich* als Opfer (von Ausnahmen abgesehen, die es auch bei Männern gibt), sondern die kollektive weibliche Opferhaltung dient als Strategie, um Männer in Schach zu halten und in ihrem (dem weiblichen) Sinn zu manipulieren.
Wenn Frauen lautstark ihre Benachteiligung beklagen oder sich auch stumm und wehleidig als Märtyrerinnen hinstellen, flößen sie Männern damit Schuldgefühle ein. Zumindest werden Männer damit in dem Glauben gehalten, Frauen seien tatsächlich armselige und unterdrückte Wesen. Resultat: die Männer verdoppeln und verdreifachen ihre Anstrengungen, es Frauen recht zu machen. Womit Frauen genau das erreichen, was sie wollen.

Zunächst mal sind Männer (genauso wie Frauen) Opfer von Müttern. Niemand wird bestreiten, dass Kindererziehung eine wichtige Aufgabe ist. Und gerade Frauen betonen das immer wieder nachdrücklich. Aber sie wollen - typisch weiblich - für die Resultate nicht verantwortlich sein. Das heißt wenn Kinder gut geraten, soll es natürlich ihr Verdienst sein. Aber wenn sie missraten, müssen andere Schuldige gefunden werden. Zweifellos ein sehr unreifes und infantiles Verständnis von Verantwortung.

Mütter sind nicht automatisch Heldinnen oder gute Menschen, sondern sie sind Menschen wie alle anderen auch: mit guten und schlechten Eigenschaften, mit Stärken und Schwächen. Sie zu idealisieren wäre genauso falsch wie übermenschliches von ihnen zu erwarten. Es gibt also gute und schlechte Mütter.
Und genauso wie z.B. gewalttätige Männer nicht der Normalfall sind, sind auch Rabenmütter nicht der Normalfall.

Trotzdem kann man wohl sagen, dass ein Mensch, der eine liebevolle und unterstützende Mutter hatte/hat, nie gewalttätig oder frauenverachtend werden würde (als Mann) und nie Kinder schlagen würde (als Frau).
Sieht man von Extremfällen mal ab und betrachtet ganz „normale" Familien oder Partnerschaften, geht aber auch hier von Frauen ein unheilvoller Einfluss aus, der Männer (und auch Kinder) zu Opfern macht.
Am offensichtlichsten wird es bei der Ernährerrolle. Männer werden als Geldverdiener gebraucht, benutzt und ausgenutzt. Viele Männer leisten das gern (und gewinnen sogar ihre ganze Identität daraus), solange die entsprechenden weiblichen „Gegenleistungen" (dass also frau ihren Part genauso stillschweigend und klaglos übernimmt) vorhanden sind. Diese bleiben aber allzu oft aus.
Der Normalfall ist heutzutage, dass Frauen die Ernährerrolle zwar selbstverständlich beanspruchen, aber nicht mehr anerkennen können. Wenn ein Mann 10.000 DM im Monat verdient, verliert eine Frau kein Wort darüber. Wenn er aber eine Windel wechseln oder die Spülmaschine bedienen kann, wird er als Held bejubelt.
Frauen erwarten, dass Männer sich für ihre Belange in höchstem Maße interessieren. Umgekehrt interessieren sie sich aber für die beruflichen (und auch sonstigen) Belange des Mannes herzlich wenig und wollen auch mit derartigen Dingen nicht be-

helligt werden. Berufsstress, Existenzängste, Konkurrenz usw. sind alles Dinge, die eine Hausfrau nicht versteht, weil sie sie nicht kennt. Auch andere männliche Interessen (Sport, bestimmte Hobbies usw.) werden von Frauen oft mit Desinteresse oder Missbilligung wahrgenommen, allenfalls seufzend toleriert.
Frauen wollen zwar von dem Erfolg oder der Tüchtigkeit der Männer profitieren, aber sie können die Tüchtigkeit selbst nicht anerkennen. So haben schwache Frauen (also Hausfrauen und Feministinnen mehr als Berufstätige) die seltsame Eigenschaft entwickelt, bei anderen Menschen nur Schwäche oder Versagen registrieren und anerkennen zu können: da werden sie eifrig, sind verständnisvoll und hilfsbereit (was ja auch schön ist). Leistungen und Erfolge hingegen können sie bei anderen nicht anerkennen; das wird ignoriert oder sogar missachtet und herabgewürdigt (was weniger schön ist).
Männer werden also insofern immer mehr zu Opfern, indem sie immer mehr leisten sollen, aber diese Leistungen immer weniger anerkannt oder honoriert werden.
Sie rackern sich unermüdlich ab, um es Frauen recht zu machen und um weibliche Träume zu erfüllen: z.B. Träume von Geborgenheit und Sicherheit, aber auch Abwechslung und Unterhaltung. Umgekehrt verfallen Frauen immer mehr in Klagen, Forderungen und Verweigerungshaltungen.
Und wenn es dann in einer Beziehung nicht (mehr) klappt, sind - aus weiblicher Sicht - immer die Männer schuld.

Wenn es um Geld oder Versorgung geht, vergessen Frauen sehr schnell all die hochgepriesenen weiblichen Tugenden (wie Bescheidenheit und Sanftmut) und werden zu wahren Furien: zu gnadenlosen und rücksichtslosen Ausbeuterinnen und Abzockerinnen, die dann auch keinerlei Probleme damit haben, ihren Stolz oder ihre Würde über Bord zu werfen. Aber auch in anderen Bereichen werden Männer (und Kinder) zu Opfern. Wenn eine

Frau beruflich oder im öffentlichen Leben keinen oder wenig Einfluss (Macht) hat, dann versucht sie es halt im Privaten, in der Familie. Und da gerade solche Frauen mit Macht nicht umgehen können (weil sie Verantwortung und verantwortungsbewusste Entscheidungen scheuen), kann das nur in Machtmissbrauch ausarten:
„Du musst das machen/entscheiden. Ich möchte dann nur kommentieren: gutheißen oder kritisieren."
Oder auch die typisch weiblichen Schuldzuweisungen:
„Dir zuliebe habe ich meine Karriere geopfert."
„Die Kinder haben mich daran gehindert, ein großartiges und aufregendes Leben zu führen."
„Weil Frauen immer benachteiligt werden, bin ich nicht befördert worden."

Frauen haben Macht allein durch ihre Weiblichkeit, also ohne sich (wie Männer) weiter anstrengen zu müssen oder etwas leisten zu müssen. Und dies setzen sie auch gezielt zu ihrem Nutzen ein. Sie setzen z.B. ihre Sexualität als Belohnung oder Bestrafung ein, womit sie zweifellos Männer manipulieren und zu Opfern machen.
Auch Kinder, besonders Jungen, werden zu Opfern der Frauen, indem sie dazu dressiert werden, weibliche Bedürfnisse zu befriedigen: sie müssen als Partnerersatz herhalten oder lebenslange Babys (Muttersöhnchen) bleiben.

Männer werden von Frauen zu Leistung und Erfolg getrimmt und zahlen dafür oft einen hohen Preis: Neid, Missgunst, Entmenschlichung, Gesundheitseinbußen. So haben sie z.B. einer geringere Lebenserwartung als Frauen und kriegen häufiger Herzinfarkte.

Unbewusst spüren Männer wahrscheinlich, dass sie von der

weiblichen Selbstentmündigung (Feminismus) ebenfalls nur negativ betroffen sind. Aber solange sie die weibliche Berechnung nicht durchschauen, bleiben sie Opfer von Frauen.

17. DIE ZUKUNFT DER GESCHLECHTERROLLEN

* Spekulation 1 :

Im Zug einer Gegenbewegung auf manche gesellschaftliche Strömungen wird die bürgerliche Kleinfamilie – und damit die traditionelle Rollenverteilung – wieder mehr idealisiert, herbeigesehnt, gepflegt.
Allerdings wird sich das Ideal von heiler Welt und intakter Ehe/ Familie nicht so ohne weiteres realisieren lassen. Denn immerhin wird heute jede dritte Ehe geschieden und es sind überwiegend Frauen, die die Scheidung einreichen. Das heißt, die bereits bestehende Tendenz, dass Frauen Männer sozusagen ablegen, wenn sie sie als Erzeuger oder Ernährer nicht mehr brauchen, wird sich wohl nicht mehr aufhalten lassen.
Umgekehrt können es sich nur ausgesprochen wohlhabende Männer leisten, die altgediente Ehefrau zu verlassen oder gegen eine Jüngere einzutauschen.
Ein Problem könnte auch sein, dass viele junge Männer bereits die Einstellung verinnerlicht haben – nicht zuletzt durch die Frauenbewegung - , dass es sich nicht lohnt, erwachsen zu werden oder Verantwortung zu übernehmen: das könnte ja nach Macho-Gehabe aussehen. Also verhalten sie sich lieber „weiblich": zeigen Gefühle und tun das, was ihnen gut tut oder was ihnen Spaß macht, statt Frau und Kinder zu ernähren oder nur ans Geldverdienen zu denken.
Dies allerdings wird von Frauen auch wiederum missbilligt: ein Softie oder Weichei wird vielleicht in der WG noch toleriert, ist aber als Mann oder Partner unbrauchbar – und daher abzulehnen.
Die männliche Anpassung an weibliche Wünsche und Bedürfnisse müsste also aufhören, weil sie nur in einem Desaster en-

den kann, solange Frauen nicht wissen, was sie eigentlich wollen.

* Spekulation 2 :

Die alten Rollen kehren sich langsam ins Gegenteil um. Das heißt, Frauen werden in Beruf und Öffentlichkeit immer mehr das Ruder und die Verantwortung übernehmen, während Männer eher in Dienstleistungsbereichen oder eben in der Familie tätig sein werden.
Der klassische Stoff zahlloser Liebesromane („Arzt heiratet Krankenschwester") fiele dann z.B. weg. Die Ärztin heiratet den Krankenpfleger, der dann ihr zuliebe den Beruf opfert, um nur noch Ärztin-Gatte zu sein: ihr den Rücken freizuhalten.
Und sie verehrt und verwöhnt den schönen Gigolo, wo sie nur kann: schenkt ihm Schmuck/Pelze, denn schließlich soll der Mann an ihrer Seite ja repräsentativ sein.

Wirklich matriarchalische Gesellschaftsformen, wie sie z.B. in Teilen Indiens oder Chinas vorkommen, werden sich allerdings kaum herausbilden. Einmal wegen der langen Tradition des Patriarchats hierzulande, vor allem aber auch deshalb, weil das mit der Mentalität moderner Frauen und den Zielen der Frauenbewegung („Den Frauen alle Rechte, aber möglichst wenig Pflichten! Den Männern alle Pflichten, aber möglichst wenig Rechte!") nicht vereinbar wäre. Da sind die jetzigen Verhältnisse, in denen Frauen alle Rechte haben und viele Vorrechte genießen, sich aber trotzdem weiterhin über Männer-Herrschaft beklagen können, für Frauen weitaus angenehmer.
Ein echtes Matriarchat wäre auch nur eine Umkehr der alten Verhältnisse. Irgendwann würden dann die Männer auf die Barrikaden gehen und vielleicht eine Männerbewegung („Maskulismus") einläuten. Und das ganze Spiel finge – nur umgekehrt – wieder von vorn an.

* Spekulation 3 :

Das Modell des LAG (Lebensabschnittsgefährten) setzt sich durch: Partner bleiben solange zusammen, wie sie sich brauchen oder die Beziehung einigermaßen klappt.
Hier wäre auch denkbar, dass es dann Eheverträge über 2, 5, 10 oder 20 Jahre gäbe. Das würde allerdings eine komplette Neugestaltung des geltenden Ehe-, Familien- und Steuerrechts notwendig machen. Auch manche alten moralischen oder religiösen Wertvorstellungen würden dann hinfällig – und vielleicht neue entstehen.
Dies wäre auch das Ende der herkömmlichen Kleinfamilie, und Kinder würden noch mehr als heute schon in sogenannten Patchwork-Familien aufwachsen; mit all ihren Vor- und Nachteilen: es gäbe nicht mehr die Beständigkeit und Sicherheit der klassischen Familie, aber auch nicht mehr deren Neurosen und deren Isolation.
Solche Formen könnten nur gelingen, wenn alle Beteiligten über ein hohes Maß an sozialer Kompetenz und Flexibilität verfügen würden, was aber angesichts der menschlichen Trägheit oder Sicherheitsbedürfnisse eher unwahrscheinlich ist.

* Spekulation 4 :

Die Versingolung der Gesellschaft, wie sie jetzt schon in den Großstädten stattfindet, macht sich insgesamt breit. Jeder macht alles allein: sorgt allein für seinen Lebensunterhalt, hat seine eigene Wohnung/Haushalt, kümmert sich allein um Kinder oder alte Eltern.
Eine solche Alleinverantwortung (Dreifach- oder Vierfachbelastung) wäre sicher für die meisten Menschen eine Überforderung und würde neue Organisationsformen erforderlich machen: z.B. zum Zweck der Kinder- oder Altenbetreuung oder

auch Umstrukturierung der Arbeitswelt.
Partnerbeziehungen wären unverbindlich: ohne Verpflichtungen, aber auch ohne Rechtsansprüche. Ob mit einer derartigen totalen Freiheit (und totalen Alleinverantwortung) Frauen oder Männer besser zurechtkämen (oder die größeren Schwierigkeiten hätten), sei mal dahingestellt.

* Spekulation 5 :

Es entstehen größere Wohn- und Arbeitsgemeinschaften aus gleichgeschlechtlichen oder auch gemischtgeschlechtlichen Leuten.
Frauen und Männer kommen nicht mehr als Lebenspartner zusammen, sondern nur noch als Sexualpartner (oder eben als Eltern, Kollegen oder Mitmenschen).
Attribute wie Weiblichkeit oder Männlichkeit gäbe es dann nur noch im rein biologischen Sinn. Die Sexualität würde entweder ganz frei sein (jeder könnte mit jedem, wenn er wollte) oder es würden neue Rituale erfunden.
Arbeits- und Aufgabenteilung würden nach Können und Neigung geregelt und nicht nach dem Geschlecht.

* Spekulation 6 :

Die (weibliche) Forderung nach Gleichheit der Geschlechter wird abgelöst durch Gleich*wertigkeit*.
Gerade die Ungleichheit zwischen Menschen (also auch zwischen Frauen und Männern) macht ihr Verhältnis zueinander ja erst spannend; vorausgesetzt, dass diese Unterschiedlichkeit mit Respekt und Wertschätzung verbunden ist (was z.B. durch Gleichheit keineswegs garantiert ist).

So ist im Bereich Erotik/Sexualität allzuviel Gleichheit, Übereinstimmung und Harmonie bekanntlich auf die Dauer eher langweilig als spannend (geschweige denn „antörnend"). Und dies gilt auch für die meisten anderen Beziehungen: z.b. wird sich das Bedürfnis nach Beherrschung und Unterwerfung, das in Frauen und Männern gleichermaßen steckt, nicht gänzlich ausmerzen oder negieren lassen. Wozu auch, wenn es in gegenseitigem Einverständnis geschieht?
Es ist z.B. keine Seltenheit, dass angesehene Manager, Anwälte, Bänker und dergleichen heimlich in ein Sado-Maso-Studio schleichen, um sich von einer Domina auspeitschen zu lassen oder um ihr die Füße zu küssen. Ob sowas nun „normal" ist oder auf frühkindlichen Mutter-Sohn-Fixierungen beruht, sei mal offen gelassen. Jedenfalls trifft die Domina ganz klare Absprachen mit ihrem Kunden und übernimmt eine erhebliche Verantwortung. Im Gegensatz zu der schwachen Frau, die aus Unfähigkeit oder Bedürftigkeit heraus andere zu manipulieren oder zu beherrschen versucht (ebenso wie der schwache Mann).
Aber auch in weniger extremen Situationen entsteht oft die Sehnsucht nach Ungleichheit, weil Auseinandersetzung/Reibung eben spannender und lebendiger ist als „Friede, Freude, Eierkuchen".

Die Forderung nach absoluter Gleichheit in allen Bereichen hat teilweise sogar groteske Formen angenommen, wenn man z.B. an die Quotenregelung denkt. Schließlich pochen Frauen auch nicht auf Quotenregelung, wenn es um Müllabfuhr oder Kanalreinigung geht.
Und wäre es wirklich eine echte Errungenschaft, wenn die Hälfte aller Hebammen plötzlich männlich wäre?
Hier wäre sicher angebrachter, Respekt vor Andersartigkeit einzuüben, statt Gleichheit zu fordern. Aber da das etwas schwieriger und anstrengender ist: nicht unbedingt Frauensache ...

Wenn Frauen für sich ein Wehr*recht* bei der Bundeswehr einfordern, während für Männer die Wehr*pflicht* (bzw. Zivildienst) bestehen bleiben soll, ist das zweifellos keine Gleichberechtigung.

Die meisten Frauen betrachten es als Privileg, nicht zur Bundeswehr gehen zu müssen: erstens, weil es keinen Spaß macht, durch Schlamm zu robben u.ä. und zweitens aus Prinzip: weil sie den Dienst an der Waffe aus ideologischen Gründen ablehnen.

Anders bei Feministinnen. Da kann es passieren, dass sie bei ihrem Montagstreffen (Thema: Gewalt) zwei Stunden lang selbstgefällig darüber reden, dass Frauen friedliebend, lebensspendend, lebenserhaltend sind, während Männer eben gewalttätig sind, Kriege vorbereiten, sogar töten.

Beim Dienstagstreffen sitzen dieselben Frauen wieder bei Müsli und Früchtetee zusammen und fordern vehement das Wehrrecht für Frauen ein.

Dass die katholische Kirche Frauen das Priesteramt verweigert, ist ohne Zweifel keine Gleichberechtigung, wenn nicht sogar weibliche Diskriminierung. Andererseits ist die theologische Debatte darüber im Grunde überflüssig, weil das Priesteramt für die überwältigende Mehrheit aller Frauen nicht die geringste Attraktivität besitzt: Keuschheit, Armut und Gehorsam entspricht nicht der Mentalität heutiger Frauen. Welche moderne Frau möchte schon zölibatär leben, auf Familie verzichten und lebenslang arbeiten (noch dazu für ein mageres Gehalt und „nur" im Dienst christlicher Nächstenliebe)?

An diesen beiden Beispielen wird die typisch weibliche (feministische) Mentalität besonders deutlich: Frauen fordern genau das, was sie gerade nicht haben können, obwohl ihnen tausend andere und viel verlockendere Möglichkeiten offenstehen. Sie fallen – legitimiert durch die Frauenbewegung – in eine Kleinmädchen-Haltung zurück oder behalten diese bei: statt eigene Wege zu suchen oder eigene Spielzeuge zu finden, stampfen sie mit dem Fuß auf und wollen genau das Spielzeug des Mannes (auch wenn es eine Pistole ist).

Und da sie nach etwas schreien, was sie nicht haben können, laufen sie nicht Gefahr, dass herauskommen könnte, dass sie das in Wirklichkeit gar nicht wollen: z.B. Soldatin oder Priesterin werden.

Da also die Gleichheitsforderung so unehrlich und unsinnig ist (weder weiblichen noch männlichen Bedürfnissen entspricht), bleibt gar nichts anderes übrig, als sie durch Gleich*wertigkeit* zu ersetzen:
- Ungleichheit/Andersartigkeit zu akzeptieren und zu respektieren
- Respekt und Wertschätzung nicht nur für sich einzufordern, sondern selbst auch erbringen zu können.

Wenn Frauen für sich ein Wehr*recht* bei der Bundeswehr einfordern, während für Männer die Wehr*pflicht* (bzw. Zivildienst) bestehen bleiben soll, ist das zweifellos keine Gleichberechtigung.
Die meisten Frauen betrachten es als Privileg, nicht zur Bundeswehr gehen zu müssen: erstens, weil es keinen Spaß macht, durch Schlamm zu robben u.ä. und zweitens aus Prinzip: weil sie den Dienst an der Waffe aus ideologischen Gründen ablehnen.
Anders bei Feministinnen. Da kann es passieren, dass sie bei ihrem Montagstreffen (Thema: Gewalt) zwei Stunden lang selbstgefällig darüber reden, dass Frauen friedliebend, lebensspendend, lebenserhaltend sind, während Männer eben gewalttätig sind, Kriege vorbereiten, sogar töten.
Beim Dienstagstreffen sitzen dieselben Frauen wieder bei Müsli und Früchtetee zusammen und fordern vehement das Wehrrecht für Frauen ein.

Dass die katholische Kirche Frauen das Priesteramt verweigert, ist ohne Zweifel keine Gleichberechtigung, wenn nicht sogar weibliche Diskriminierung. Andererseits ist die theologische Debatte darüber im Grunde überflüssig, weil das Priesteramt für die überwältigende Mehrheit aller Frauen nicht die geringste Attraktivität besitzt: Keuschheit, Armut und Gehorsam entspricht nicht der Mentalität heutiger Frauen. Welche moderne Frau möchte schon zölibatär leben, auf Familie verzichten und lebenslang arbeiten (noch dazu für ein mageres Gehalt und „nur" im Dienst christlicher Nächstenliebe)?

An diesen beiden Beispielen wird die typisch weibliche (feministische) Mentalität besonders deutlich: Frauen fordern genau das, was sie gerade nicht haben können, obwohl ihnen tausend andere und viel verlockendere Möglichkeiten offenstehen. Sie fallen – legitimiert durch die Frauenbewegung – in eine Kleinmädchen-Haltung zurück oder behalten diese bei: statt eigene Wege zu suchen oder eigene Spielzeuge zu finden, stampfen sie mit dem Fuß auf und wollen genau das Spielzeug des Mannes (auch wenn es eine Pistole ist).

Und da sie nach etwas schreien, was sie nicht haben können, laufen sie nicht Gefahr, dass herauskommen könnte, dass sie das in Wirklichkeit gar nicht wollen: z.B. Soldatin oder Priesterin werden.

Da also die Gleichheitsforderung so unehrlich und unsinnig ist (weder weiblichen noch männlichen Bedürfnissen entspricht), bleibt gar nichts anderes übrig, als sie durch Gleich*wertigkeit* zu ersetzen:
- Ungleichheit/Andersartigkeit zu akzeptieren und zu respektieren
- Respekt und Wertschätzung nicht nur für sich einzufordern, sondern selbst auch erbringen zu können.